会写才会读：
完成文献综述的10个要点

The Literature Review: A Step-by-Step Guide for Students 2Ed

[英] 戴安娜·里德利（Diana Ridley） 著

李涤非 刘武阳 译

重庆大学出版社

作译者简介

戴安娜·里德利（Diana Ridley）

英国谢菲尔德哈勒姆大学 TESOL 中心的高级讲师，英语教学硕士课程的负责人。她负责管理英语教学和学术阅读研究相关专业的硕士和博士研究生，同时还给本科和研究生上课。在此之前，她在西班牙教过英语，在坦桑尼亚做过教师培训。她还在英国的一些机构给英语非母语人士教授英语，在英国的一些大学教过 EPA（学术英语）。在谢菲尔德大学，她为博士生讲授论文写作课程，这是某一项内容覆盖广泛的研究培训计划的一部分。她博士期间的研究属于学术阅读领域，聚焦于文献综述对于研究生的论文写作技巧培养和研究生涯的作用。她的教学和研究兴趣是语篇和体裁分析、社会语言学、作为第二语言的英语、学术阅读和质性研究方法。

李涤非

武汉大学哲学博士，河南财经政法大学副教授。在《自然辩证法通讯》《自然辩证法研究》《世界哲学》等核心期刊上发表十多篇论文、译文，出版《按常识原理探究人类心灵》《论人的理智能力》等多部译著。

刘武阳

河南长葛市人，哲学硕士，中国人民大学博士，主要研究方向：马克思主义伦理学、经济伦理学、伦理学原理。

致 谢

我要特别感谢其论文内容出现在本书中的作者们。

具体来说，我要感谢 Ruth Bacigalupo，Emma Coveney，Dawn Culverson，Hannah Fairbrother，Ling Feng，Ei leen Lee，Analeen Moore，Morgan Meyer，Dino Ovcina，Key-young Son，Ian Watson 和 Thomas Webb。

我还要感谢允许我复制其材料的组织和个人：

EndNote (Thompson Reuters)，Google Inc.，ScienceDirect，Chris Hart，Jerry Wellington，David Huffaker，Sandra Calvert，Ken Hyland，Nicholas Groom，Jennie Popay，Paul Thompson 和 Étienne Wenger。

我还特别感谢提供编辑工作支持的 SAGE 公司的编辑们：

Patrick Brindle，Anna Horvai，David Hodge，Ian Antcliff and Katie Metzler。

导　读

文献综述，为什么"会写才会读"

文献综述可能是当代高等教育经历所能给予一个人的最有用的技能，但很多人并没有意识到这一点。好好完成一份文献综述，除了能收获良好的分数，更能解锁在纷扰繁杂的世界中独立思考的成就。

然而，太多的学生对此毫无体会。他们在面对文献综述的任务时，如同面对一片未经开拓的莽莽荒林，完全不知道以什么路径进入，去哪里找到自己需要的东西。他们做文献综述，以为就是多多地下载一批论文，每一篇都从头到尾读完，然后写下一堆类似洗衣店接衣单①的"××说""×××认为"的文字。如此写完了一份所谓的文献综述之后，既不知道自己获得了什么，也依然不知道接下来的研究要干些什么。

事实上，出现这种情况不能完全责怪学生，很多老师并没有明确地向他们的学生指出：文献综述是一个阅读与写作交织往复的过程，由一系列环环相扣的"写"和"读"的分步阶段组成。

本书名字中的"会写才会读"正是为了强调这一点。

这本书展示了完成文献综述整个过程的各个阶段，总结了各个阶段的基本知识和操作流程，并特别重视这个过程中"写"的部分。

全书的主体内容可以整理为 10 个要点。其中，前 5 个是教会学

---

① "洗衣店接衣单"是《顺利完成硕博论文》一书作者提出的一个比喻，意思就是说，把对文献的评述写成只是机械、简单地列举一些文献作者的某个观点或者某句话。这个比喻在欧美大学里比较流行，但对中国读者可能比较陌生。

生写出重要的过程性文档,它们能有效地提高阅读文献和组织信息的效率,后5个则是直接针对文献综述的写作本身的知识和技巧。

在完成文献综述的每一个阶段中,如果你学会了按照本书归纳的各种模式,整理自己的思考轨迹和阅读成果,找到各个阶段阅读的目标,那么你针对文献的阅读、引用和评论都将会有明晰的方向,从而大大提高完成文献综述的效能。

下面提示10个要点对应的表格模板、思考模式和练习方法。

完成文献综述的10个要点

要点1:了解文献综述的多重目的(第2章)

◎ 填写表2-1,列出你的研究中文献综述的目的,找到需要阅读的相关关键文献。

表2-1　你的综述目的与关键文献

我的研究主题		
研究问题		
文献综述的目的	根据自己的研究主题需要收录的相关要点	关键文献
历史背景		
当代语境		
理论和概念		
相关术语系统		
前人研究及其缺陷		
空白、挑战、拓展		
被研究议题的意义		
其他		

要点 2：提高文献搜索的效率（第 3 章）

◇ 填写表 3-1，按照时间顺序和信息来源记录你做过的所有的**关键词搜索**，这是你思考的轨迹，记录下来可以避免以后做重复工作。

表 3-1　文献搜索记录清单

待研究主题			
下面是完成的关键词搜索			
目录名称、数据库、搜索引擎或网络社交"标签"网站	开展的关键词搜索或者用到的标签	搜索结果（比如定位的文章和书籍）	搜索日期
可能找到与研究有关的书籍的图书馆馆藏信息			
为研究确定的一些关键书籍			
该领域里的前人研究工作的有用整合性综述			
我为研究确定的关键期刊			
该领域里的重要的作者/研究者			
有用的专业网站			
网络社交"标签"网站/组			
博客/维基			

要点 3：有策略地阅读和记笔记（第 4 章）

◇ 填写表 4-1，记录来自一组文章里的关键信息。在你所阅读的文献中建立关联。

◇ 根据需要写下全局性总结或选择性总结。

◇ 根据需要写下线性笔记或模型图笔记。

提醒：不管采取哪种笔记形式，重要的是写出你自己的评论。

表4-1　列表比较文献

文章主题	作者/年份	目标或研究问题	研究定位	样本大小和同一性	资料收集方法	关键发现

要点4：用好参考文献管理软件（第5章）

◇ 练习任务5.1，为自己的研究做好记录。持续记录和组织好文献的信息，不但可以更高效地完成文献综述，对完成整个研究也大有帮助。

要点5：文献综述也需要写作规划（第6章）

◇ 根据表6–1设计论证步骤的大纲。这个论证步骤将构成你的文献综述的结构基础，并指导你目的明确地阅读和引用文献。

表6-1　创建文献综述的结构

论证的步骤、用途	相关的参考文献和引用页码

要点6：正文中的引用如何写（第7章）

◇ 练习任务7.1，学会在阅读论文时有针对性地学习和模仿引用的技巧，为自己的论证选择合适的引用形式及引用词。

要点7：文献综述需要具有批判性（第8章）

◇ 在阅读论文时，学会对两种类型的论证做出区分：1）发现式论证，即就某个具体主题提供新的知识内容；2）倡导式论证，即对已经存在的知识内容/信息，如相关的理论、概念和发现进行总结和概括,并用于支撑自己的研究。

◇ 根据任务8.1,练习批判性写作。

要点8:写出研究者自己的声音(第9章)

◇ 你的文献综述包含着你的观点,表达出来,让评阅人看见,这很重要。

◇模仿本章的范例,根据任务9.1,练习写出自己的声音。

◇阅读你喜欢的论文,看看优秀的作者是怎样做到这一点的。

要点9:写作结论章中的文献综述(第10章)

◇ 了解结论章中文献综述的作用。

◇ 根据任务10.1,判断自己是否需要在结论章做文献综述,如果需要,再次精读对应的文献,并练习写作结论章文献综述。

要点10:系统性文献综述的写作(第11章)

◇ 了解什么是系统性文献综述。

◇ 根据任务11.1,学会判断系统性文献综述;学会使用他人的系统性文献综述;尝试根据自己的需要,写作某种类型的系统性文献综述。

目　录

导　言

　　"你要做的第一件事是写一份完整的文献综述。"

　　这是许多导师给研究生布置的早期任务之一。你急切地想着手研究一个确定的具体问题，导师却叫你去查阅他人的研究，去甄别一些相关的理论，或者只是就该主题做广泛的阅读。这有时候会令学生感到懊恼。然而，探讨你准备研究的领域、透彻地认识和理解该领域现有的著作和视角，从而清楚定位你自己的研究在知识创造中的地位，这是非常重要的。学术研究的一个关键特征是，它与其他人的研究成果存在着关联。

　　"我从哪里开始？""究竟什么是文献综述？"这些是常见的问题。文献综述是一项多层面的活动，要怎么样具体地厘清预期的事物，我们有时候会感到迷茫，而且这种情况并不罕见。写文献综述要取得成功，从开始就需要精心组织和计划。因此在应对挑战之前，你需要在自己的学科语境中慎重考虑下述问题：

- 文献综述是什么？就你的研究而言，它能帮你实现什么目的？
- 为什么说它是研究必不可少的组成部分？

- 在一篇学位论文中它有哪些不同的实现方式？
- 完成一篇论文，做文献综述是什么样的过程？

本书回答这些问题，而且在后面的章节中会深入详细地讲解。整本书包含下述内容：

- 大量的实践指导，教你如何准备、组织和成功地撰写文献综述；
- 从各种不同类型的学位论文中摘选文献综述文本，示例本书建议的做法；
- 布置一些任务，包括评论和分析从学位论文摘录的文本，以便让你多个层面地反思你自己的研究和文献综述。

本书可以从研究过程的开始阶段一直使用到论文写完，使读者在研究的时候做到心里有数。读者也可以在推进研究的过程中选读某些相关章节。不过，在为研究进行阅读之前，我建议先看看第1—5章，因为它们聚焦于实施有效文献搜索的策略、高效阅读和组织信息的技巧。当你准备撰写综述时，第6—10章更符合需要，而且在写论文草稿和修订论文时都能派上用场。第11章是本版新加的，讨论了开展系统性文献综述的目的和过程。与学位论文的文献综述不同，系统性文献综述论文算得上是独立的调查，通常由富有经验的研究者团队完成。不过，本书的主要对象是本科生、硕博士研究生，以及指导此类学生从事研究的导师。

看到这里，我希望你已经弄清楚了本书的主旨——帮助你在高效挑选和阅览相关文献、撰写作为研究构成部分的有效文献综述时做到掌控自如。

在这一章，我界定了概念"文献综述"，讨论了文献综述在研究中的意义、在学位论文里的位置，还提供了学位论文目录页的例子。

文献综述是什么

在定义这个复杂主题的时候,我把它分为两个部分:第一,出现在学位论文里的文献综述的**成果**,第二,开展文献综述的**过程**。

"文献综述"是论文的组成部分,广泛涉及你的领域中的相关研究和理论,它还在你参考的文本资料之间建立关联,并且在这些资源中定位你自己的研究。借着文献综述,你就可以跟你的研究领域中的其他研究者进行文本对话,与此同时,它还表明你已经涉猎、理解和回应了支撑你研究的相关知识体系。在文献综述中,你要甄别出那些影响你选择研究主题及研究方法的前人的理论和研究。你需要用文献来支持你对研究问题的认定,来表明前人研究存在需要填补的空白。基于此,文献综述应当成为你研究的驱动力和起点。

术语"文献综述"也指学位论文研究和写作中的综述创建过程。它是一项持续的活动,始于你挑选与研究相关的第一本书或第一篇文章,一直持续到终稿的完成。你的文献综述首先能帮助你形成研究问题;同时也帮助你甄别与自己的研究相关的理论和研究,以及确定你可能采纳的方法;文献综述还有助于分析和阐释你的资料。本书探讨这个过程的所有步骤,包括文献搜索的策略、存储关键资料来源和笔记的系统、文献阅读的策略,以及文献综述撰写的技巧。

下面列出了其他学者提出的文献综述的定义,这表明不同的研究指南对文献综述的作用和目的有不同的侧重:

> 文献综述应该做到简明,而且应该……勾画出你的主题领域中的知识状况和主要问题。(Bell,2010:112)

（文献综述可以定义为）对该主题上可获取的文献（出版的和未出版的）的挑选，包括信息、观点、数据和证据，它们从一个特定立场出发，旨在对实现某些特定目标或对有关主题的本质及其研究方法表达某些特定看法而写。文献综述还要根据拟进行的研究议题，对这些文献进行有效评价。（Hart,1998:13）

一般来说，文献综述构成了毕业论文的重要一章，其目的是为你的研究提供背景和论据。（Bruce,1994:218）

（文献综述的目的是）定位研究计划、形成其语境或背景，并且就前人的研究工作提出见解。（Blaxter et al.,2010:124）

（文献综述应该）表明……你对主题的背景理论有充分的、精湛的把握。（Phillips& Pugh,2010:64）

（在文献综述中，作者）在对资料进行批判性综述的基础上提炼和综合处理主要的观点、议题、发现和研究方法。（Nunan,1992:217）

（文献综述应该是）融贯的论证，导向对被提议研究的叙述。（Rudestam& Newton,2007:63）

从这些定义和引文中，我们可以看出，文献综述能够满足许多不同的目的，需要做广泛的工作。因此毫不意外，它是一项艰辛的工作——起步尤其困难。然而，一篇准备充分、言之有物的综述能使你受益良多。

不同层次的文献综述

Chris Hart（1998:14-25）总结了不同研究层次的文献综述的差别，并且概述了优秀的文献综述的标准。表1-1摘自他的著作《做文献综述：释放社会科学的想象力》（*Doing a Literature Review：Releasing the Social Science Imagination*）。

表1-1　不同研究层次文献综述的特点

研究层次	对应的文献综述的功能和格式
文学、理学、教育学学士论文	本质上是描述性的,聚焦于主题;大多数是表述研究主题上主要的、当前的资源。 为主题提供辩护性分析。
文学、理学、公共卫生硕士论文	分析性的和总结性的,涵盖方法论问题、研究技巧和主题。大概有两章,均以文献为基础,一章讨论方法论问题,表明自己对研究优势和劣势的把握,另一章讨论与主题/难题有关的理论题材。
博士论文	分析综合,涵盖与研究难题相关的所有知名文献,包括其他语言中的文献。 理论内部和跨理论的高层次概念思维。 对该问题上前人的成果的总结性和形成性评价。对相关的理论传统及其与该问题的关系进行深入、广泛的讨论。

来源:Hart,1998:15

　　有一点需要注意,有的文献综述,它们不被当作研究的基石。这主要是两类:1)独立的综述;2)系统性文献综述(见第11章)。独立的综述是就一个具体主题做完整自足的文献综述,通常是大学生或研究生的课程论文(例如,为完成教育学课程作业,做了对自主学习的综述)。一篇完整的学位论文也可以是独立综述——如果它包含了对一个特定领域的文献进行的深入的批判性探讨,而不仅是对基本资料的搜集和分析。不过,就如我们先前提到的,系统性文献综述通常不是学生的学位论文工作的组成部分。它是专业的、严格的工作,是对某个主题上的大量个别研究的发现进行综合,通常还要提出政策建议。搜索策略、文章选择、数据的综合和分析都有相应的证据文献,都是透明的。我将在第11章对这一过程做更详细的讨论。

　　本书聚焦的文献综述是为论文提出研究计划,出现在学位论文中的一章或几章，记住表 1-1 中的差别。文献综述的开展过程存在一些普遍的原则，可以运用到各种层次的、各种学位的论文中，本书的主旨就在于提供这样的实践指南和建议。

研究中文献综述为何重要？

当你最初确定你自己想要研究的问题时，你可能并没有对更广的语境有全盘考虑。但你的研究在复杂的"学术拼图游戏"中只算一小片，它并非孤立存在。它依赖于他人之前的研究成果，你的工作是续写故事或提出争论。因此读者需要知道整个拼图，而不只是你那一块的色彩和形状。在文献综述里，你要把你的工作放置在大的学术语境中；你拼接的是大图，它为你的研究提供背景、开拓空间。

文献综述的安排方式及示例

文献综述出现在学位论文的哪个部分？

文献综述通常作为独立的一章或连续几章出现在学位论文的终稿里。这些章的标题变化不定，通常与主题挂钩，不一定都被命名为"文献综述"。不过，文献综述也有可能贯穿整篇论文，没有办法确定具体是哪一章。后一种情况并不意味着文献综述没有完成，而是因为它是所有研究的组成部分，研究者只不过选择了以更加整合的方式把文献融入整篇论文中。这种做法尤其容易出现在基于文本和文件分析的研究中，比如历史、文学或圣经研究领域。尽管本书从学位论文中摘录的例子都出自独立的"文献综述"章节，但我们提供的指南也能用于整合式的文献综述，因为其工作过程是相似的。

如果文献综述的章节是独立的,那么我们怎样把它整合进不同类型的学位论文中呢?下面我们会举例子说明。有两种主要的方式:**专门式**和**递归式**。在第一种方式中,文献综述包含在一章或连续几章中,标题经常关联到主题,大概在论文的开头。它通常起于引言,持续到后面的一章或几章。比如医学论文,完整的文献综述可能作为引言的一部分出现,有一个相配的标题和子标题。而在许多由研究主题相互联系的不同研究组成的博士论文中,第二种方式更合适。这种学位论文的不同部分都可能出现文献综述,它先出现在引言里,然后会出现在子研究对应的每一章的开头。一般引言部分的文献综述提供了研究的整体背景,同时会提到每项子研究的文献综述涵盖的不同领域。下面对两种写作文献综述的方式提供了例子,它们来自于一些学位论文的目录页,展示了文献综述整合进整篇学位论文的不同方式(例子1.1—例子1.7)。

例子1.1

英国某高校的东亚研究所有一位叫 Key-young Son 的博士生,对韩国金大中总统的"阳光政策"开展了研究。他调研了对朝鲜的"接触"战略和国家认同变化理论——它们改善了朝鲜和韩国之间的关系。他写了一篇涉猎广泛的论文(目录页摘选如下)。在这篇由八章组成的学位论文(363页)中,文献综述横跨三章,有144页(论文40%的篇幅)。

在第2章的文献综述中,他联系冷战探讨了"遏制"和"接触"政治理论。在第3章,他在"全面接触"概念的基础上建立了学位论文的理论框架。在第4章,他概览了这两个国家之间不断变化的关系,描述了研究的历史语境。对理论上和历史上的概览,为详细研究金大中总统在1998—2003年实施的韩国"阳光政策"提供了研究语境。

Son详细表明了他的研究在国际关系研究领域中的位置。他并不只是告诉读者朝鲜半岛历史中发生的与"阳光政策"相关的特殊事件,并且阐述了他用于解释事件的理论,还对构成"阳光政策"语境的重要事件做了历史概览。

例子→　目录

第1章　引言

1.1　导言

1.2　研究问题和目的

1.3　假说

1.4　研究路径、方法和贡献

1.5　论文的结构

第2章　遏制和接触

2.1　导言

2.2　冷战时期的遏制和接触

2.2.1　遏制历史概览

2.2.2　冷战理论

2.3　后冷战时期的遏制和接触

2.3.1　"流氓国家"

2.3.2　经济制裁

2.3.3　遏制和接触战略

2.4　结论

第3章　"全面接触"概念:理论框架

来源:Son,2004:ii-vi

会写才会读：完成文献综述的10个要点

　　下面的例子来自一篇报告,这种报告是英国高校多数博士生完成学业必须呈交的,被称为"转化"或"升级"论文(在不同大学有不同的名称),通常在全日制研究学位计划开始的一年后提交。它一般采取研究计划书的形式,概述了研究项目的背景、目标和研究问题,有研究意义的相关文献以及研究方法。作为博士学习进程的里程碑,它有助于导师和学生反思和评估计划进展,用于判定学生是否准备好了开展博士研究工作。

例子 1.2

　　在本例子中,Fairbrother开展研究的领域是儿童的饮食和健康。研究起源于她对儿童肥胖症的关注。在简短介绍她从哪里引入肥胖症的话题和儿童饮食习惯后,她把文献综述放在了第二个部分。整篇论文共71页,文献综述就有39页,其篇幅占论文的55%。文献综述分为6个小节,包含导言和结论。四个主要的内容节讨论并批判性地分析了诸多学科领域里的文献,这些都为Fairbrother研究儿童对健康和食物的感知与理解提供了帮助。

　　在第一节,Fairbrother讨论了部分文献,它们论证说儿童的声音和视觉至关重要,以此引出她对儿童研究的理论方法。然后她把儿童作为消费者进行综合研究,并确定了进一步的研究工作——儿童如何理解周边各种媒体和社会语境中的不同信号。之后,她综述了一些报道孩子对食品看法的实证研究,并且指出了它们的缺陷,开始为阐述自己的观点铺平道路。最后Fairbrother探讨了该研究的社会经济立场意义。

　　Fairbrother在四个标题下对文献做了批判性分析,从而为自己的研究创建了一个语境,并把自己定位为对儿童进行研究的一类特殊研究者。她把注意力引向关键话题,如作为消费者的儿童和社会经济立场,用于支撑她的研究。她还强调了该领域前人所做实证研究的缺陷,为自己所做研究的必要性给出了理由。

例子→ 目录

1.背景

    1.1   儿童肥胖的流行

    1.2   儿童肥胖症病因学

    1.3   处理儿童肥胖症

    1.4   儿童的饮食习惯

    1.5   学校的角色

    1.6   家庭的角色

2.文献综述

    2.1   导言

    2.2   改变观察儿童和儿童健康的视角

        2.2.1   主流框架下的儿童

        2.2.2   新范式下的儿童

        2.2.3   新范式的关键概念

        2.2.4   结论

    2.3   作为消费者的儿童

        2.3.1   导言

        2.3.2   "儿童赋权"

        2.3.3   "有毒的童年"

        2.3.4   转向不同的焦点

        2.3.5   食物

来源：Fairbrother, 2010：iii-iv

方式1：文献综述专章

在例子1.1和例子1.3中，文献综述出现在一章或几章中，标题与主题挂钩，通常位于学位论文每一章的开篇位置。在例子1.2、例子1.4和1.5中，引言后再用一个专章来写文献综述。

例子1.3

马来西亚有一个小族群使用一门特别的语言——克里奥尔语，Ei leen Lee在社会语言学领域展开了对这门语言变迁和复兴的研究（克里奥尔语起源于两个或更多不同语言团体之间的广泛接触，该语言融合了两门初始语言的特征）。Lee的综述始于第1章"引言"，从背景上描述了克里奥尔语、说克里〔〕的群体和影响该语言使用的民族政策的历史语境。〔〕该领域前人研究的发现，并说明了关于这门特殊语言〔〕究与前人研究有何不同、有什么样的进展。在第2章，〔〕与语言变迁和维持相关的理论和概念，用于支撑自己〔〕还考察了研究弱势语言变迁的三种途径。在第3章，她探讨了〔〕"反转语言变迁"理论，还思考了濒危语言复兴过程中语言规划的作用。这三章提供了研究背景，之后她叙述了方法、资料搜集、发现和结论。

例子→　目录

来源:Lee,2003:iv-vii

例子1.4

例子来自教育学领域的一篇博士论文,Ling Feng 通过三个高等教育案例探讨了中国和英国可持续发展教育的课程。论文有一个"文献综述"专章。引言部分也有文献综述,其中澄清了 Ling Feng 如何使用研究的关键术语——可持续发展教育和课程;强调了在英国和中国可持续发展议题的紧迫性;还联系高等教育制度、可持续发展和跨国研究,为这个研究提供了辩护。为了这些目的,Ling Feng旁征博引,用大量的文献来支持了自己的论证。

第2章的文献综述更为深入地探讨了可持续发展概念,并且做了一个国际历史回顾。在讨论课程主题时,结合可持续发展教育考察了四种重要的课程安排视角;结合可持续发展教育探讨了中国和英国高等教育制度的当前语境,以及国家之间分享知识的重要意义。Ling Feng运用已经讨论过的三种课程安排视角,为后面章节的案例研究提供了理论支撑。

例子→　目录

来源:Feng, 2010:i-iii

例子1.5

本例子来自第二语言学习领域的一篇硕士学位论文。Analeen Moore研究的是正式发音教学对一群德国成年学生英语发音的影响。她的文献综述是一个单章，紧随引言之后，位于她的实验描述之前。在综述部分，她首先从历史上回顾了英语外语教学(EFL)领域中人们对发音教学强调的变化，之后定义了术语"舒适的可理解度"，在考虑目标发音的时候这个很重要。她接着考察了教育效果，首先总体性地考察了第二语言学习，然后更为详尽地考察了目标语言中发音的改进。在综述的最后部分，她审视了样本学习者的发音情况，定义了研究中分析过的发音特征。

例子→　目录

来源：Moore，2001：iii-iv

方式2：递归式文献综述

当一篇学位论文由许多不同的子研究构成时，文献综述很有可能从引言开始，而后在每一章的前面部分继续。在单个研究前出现的综述一般会更详细地阐述引言中提出的主题。

例子1.6

例子来自心理学领域的一篇博士论文，由一系列不同的子研究组成，它们探讨了人们为了实现目标是如何调节自己的行为的。总共九项研究，组成了四章（2—5章）。在引言部分，作者首先讨论了与行为调整有关的前人研究和理论：目的、动机和实施意向。后面的章节则更加具体地讨论了这些领域，比如说第2章详尽地描述了行为意向理论，第3章详尽地阐述了目标实现模型。跟前面一样，在下面的例子中，我们省略了许多更详细的子标题。

例子→　目录

1.1　目标对行为的影响

　1.1.1　行为意向

　1.1.2　无意识的目标追求

1.2　意向—行为"缺口"和意志问题

1.3　实施意向

　1.3.1　特殊线索的可得性

　1.3.2　线索—行为的关联强度

1.4　论文计划

第2章　意向—行为关系的元分析

2.1　作为行为起因的行为意向

2.2　影响意向是否引起行为的其他变量

2.3　研究1

　2.3.1　方法

　2.3.2　结果

2.4　讨论

第3章　整合目标—实现理论

3.1　概览

3.2　目标—实现模型

　3.2.1　计划行为理论

　3.2.2　目标设定理论

　3.2.3　自我调整理论

　3.2.4　自我控制的力度模型

　3.2.5　情绪

　3.2.6　社会支持和执行反馈

来源：Webb，2003：ii-viii

例子 1.7

这个例子来自土木建筑工程领域，研究者在地下水污染领域完成了三项不同的研究，其中每项研究成果都独立发表在同行评审期刊上。它们出现在博士论文的第2、3和4章。引言（第1章）里的文献综述只是简单提及，然后在描述不同调查研究的第2、3、4章的导言部分做了深入的详细阐述。在本篇论文中，文献综述的不同部分相当紧凑，导言部分也没有标题和子标题来帮助我们识别文献综述里面的不同主题。不过，下面这个改动过的目录页清晰地呈现了文献综述在研究的三个不同部分中是如何分布的。（注意，"方法和程序建模"以及"结果和讨论"中详细的子标题在这里省略掉了。）

例子→   目录

第3章　基于生物降解复杂性驱动的多物种领域规模反应传输建模获得的洞见

3.1　导言

3.2　方法建模

3.3　结果和讨论

3.4　结论

第4章　运用平行自适应网格重构建模含水层生物降解的优势

4.1　导言

4.2　模式组建

4.3　测试用例子

4.4　多维度领域规模模拟

4.5　平行处理的优势

4.6　稀疏矩阵存储方法的优势

4.7　自适应网格重构的优势

4.8　结论

第5章　研究结论

来源:Watson,2004:4-6

上面的例子揭示了不同作者在博士论文或硕士论文中是如何安排文献综述,并如何把相关的文献分类到各个题材或主题领域的。随着阅览量和研究的推进,你会发现你逐渐开始以这种方式把自己的工作归类,你的研究焦点则决定了文献综述最终的组织结构和修订。我们会在第6章更详细地考察这个过程。

任务1.1　选择一种文献综述方式

让你的导师推荐所在领域里的两篇或三篇近期完成的学位论文,看了这些论文后,回答下述问题。

1.在这个领域的学位论文中,本章以及下面列举的安排文献综述的做法,哪种最为常见?

- 文献综述在学位论文的开始作为独立的一章或几章出现。
- 文献综述在引言部分仅做泛泛的介绍,而在各项研究的开头再做更详细的阐述。
- 整篇论文都随处可见相关的文献,没有专门的文献综述章。

2.下面想想你自己的研究主题:为了帮助你选择适合自己研究工作的做法,联系你的主题想想各种做法的优缺点。

3.随着工作的推进,考虑对于你自己的文献综述和学位论文,你最有可能采取哪种做法。做这种选择的理由是什么?

本章小结

总体来说,本章包含以下内容:

对“文献综述”的界定;

文献综述的不同类型;

文献综述对于研究生的研究工作的重要性;

博士论文或硕士论文终稿中安排文献综述的可能方式。

本书阅读指导

本章旨在为后面的章节更详细地描述文献综述的各个层面铺平道路。

第2章进一步考察文献综述的多重目的,从学位论文中摘取了许多例子来表明文献综述如何实现不同的目的。

第3、4和5章介绍高效搜索信息、评估来源资料、阅读文献和记笔记、做记录、组织来源资料、避免剽窃和侵犯版权的策略。

第6章反思了写作过程,以及在一篇文献综述中如何组织和安排信息。

第7章探讨了引用参考文献的格式,说明了把研究所参考和引用的文献整合进文本以及它们的出现形式。该章还讨论了剽窃的含义和某些构成剽窃的例子,同时也考察了引用模式和格式在学科上的差别。

第8、9章反思了文献综述的批判性是什么意思,探讨在把资料整合进论文时该如何突出研究者自己的声音。

第10章讨论了持续进行和更新文献综述的重要性。文献综述与研究的数据分析之间、与你自己所做的研究工作的意义之间可能出现的联系。

第11章探讨了开展和批判性地完成系统性文献综述的过程。在这一章里,我们澄清了期刊论文或学位论文的文献综述与系统性文献综述之间的差别。

这本指导书可以作为参考工具贯穿你的整个研究,你可以根据需要查看相关章节。每章开头都清楚地陈述了这一章的目的,以备你在研究的不同阶段查找参考。你可以先完整地阅览全书,以便对整个过程有个大致印象。不管是采取哪种做法,书中给出的建议和例子都能帮助你开展自己的文献综述,并帮助你把来自文献的信息最有效地整合进你的论文中。

2.

文献综述的多重目的

本章内容提要

- 对文献综述具体目的的更为详细的讨论。
- 摘录自不同学位论文的例子,展示文献综述的这些目的在各种研究语境中是如何实现的。
- 提供一个模板,促成你思考自己的文献综述。

第1章提出了文献综述的诸多不同定义。实质上,文献综述的功能是展示该领域的相关工作如何塑造和影响你的研究。文献综述的目的是有选择地、创造性地使用文献,以激发你自己的研究工作。

当你考虑文献综述的内容时,有必要反思你在参考他人作品时希望达成的目标。期刊论文或学位论文中的文献综述具有多重目的,可以归类为:

- 为你的研究提供历史背景；
- 通过参考相关领域当前的争论、话题和问题，概述你的研究的当前语境；
- 讨论那些支撑你的研究的有关理论和概念；
- 介绍相关的术语并提供定义，清楚阐述在你自己的工作语境中应该如何使用术语；
- 描述相关领域里的已有研究，表明你的工作是如何推进或挑战了它，又或者是填补了该领域里的什么空白；
- 为你的研究想要解决的实践问题或话题提供支持性证据，从而强调你的研究工作的价值。

你的研究性质决定了在自己的文献综述里，以上哪些目的会得到更多的强调，但重要的是，在确定综述内容时，应该谨慎考虑每一个目的。

上面列举的某些功能可能在期刊论文或学位论文的引言中就能实现，而不需要专门的文献综述章。第6章更加深入地讨论了引言和文献综述之间的关系，详细阐述了引言中的文献综述最可能部分或全部实现的目的。被整合进整篇论文的综述，则依靠在正文中恰当地引用相关文献，来实现上述目的。

此外，文献综述还与你的研究方法论有关，你需要运用文献来为你选择特定的研究途径和研究方法提供辩护。你所参考的文献也要能为你选择的数据样本、数据搜集的地点提供支撑。若文献服务于这一特殊目的，则它可能会出现在方法论那一章。因此，当我们谈论文献综述的多重目的时，重要的是在论文中采用灵活的方法来定位每一个目的。

正如在第1章中所说的，重要的是要通过文献综述表明你对相关领域有透彻的理解，表明你的文献综述不是对前人研究的"洗衣店接衣单"（Rudestam & Newton，2007：62）^①。本质上看，你是在建构一个引导你的研究的论证，在提出论证的过程中，你有选择地引用文献来为自己的主张提供支持。通过彰显该论证的所有权，你不仅表明你在该领域学有所长，而且表明你与该领域的其他研究者展开了对话，也就是说，你加入了所在领域的研究者共同体。在文献综述里，成功论证的一个基本特征在于，你在所参考的文献之间建立了关联，也在这些资料和你自己的研究工作之间建立了明晰的关联。更详细的论证建立过程在第6章讨论。

下面的例子来自许多学术领域和学科，它们揭示了文献能实现的不同目的，同时还显示出了例子中的作者是如何建构自己的论证的。你将会看到，在许多情况下，同一个文本能实现多个不同的目标，尽管在我提供的每个例子中，我只聚焦于主要目的。例子的选择，目的在于就文献综述所实现的不同目的提供快照，而不是完整描述整篇文献综述的全景。

目的一：呈现研究的历史背景

几乎可以肯定的是，你的研究必定有历史语境。例如，描述导致你的研究发生的当前情况的一系列事件或政策变化可能很重要。你还可以对研究领域本身的发展进行描述，记录与你的主题相关的知识是如何发展的，观点是如何变化的。作为历史背景的一部分，强调对事件、政策和研究结果的不同解释也可能很重要。

---

① "洗衣店接衣单"指的是简单罗列每篇文献的主题。这是鲁宾斯坦和牛顿的说法（见《顺利完成硕博论文》一书），有中国学者将这一做法称为"报菜名"。

例子2.1

这个例子来自城镇和区域规划领域，聚焦于当前规划政策理论争论的背景。研究者提供了研究的历史背景，并将其置于战后规划的背景下，把它和后现代理论家采取的一般立场做了对比。

例子→ 对英国战后规划的了解和失望，激起了"后现代的"反应，一些人试图重新考虑当今的规划实践，并主导了目前的理论争论。尽管属于这种后现代流派的思想在做法上存在差别，但大多数人认为如今的规划是"灾难"，是极度独裁的体制的结果，因为它把单一、狭隘的世界观强加于社会（Harvey，2000）。相反，后现代理论家考虑的是，通过认识差异和参与差异，认识到不存在单一的"公众"，而是存在具有不同生活体验的许多"公众"，来规划实现充分的民主（Healey，1992a，1992b，1998；Forester，1989；Campbell & Marshall，2002）。因此，对个别地方的特殊性的关注、对局部知识和文化的着迷就应此而生，对任何普遍原则都抱持同样的预见。

来源：改自Coveney，2003：5

跟例子2.1有点类似，第1章中的例子1.1也是把研究的历史背景定位到了东亚的后冷战时期。那篇论文第1章的文献综述为第2章和第4章的工作创建了历史背景，标题分别是"遏制和接触"和"朝韩分裂的历史概览：结构和规则"。

例子 2.2

例子2.2包含了两段摘录,均来自题为"可持续发展教育的历史回顾"的章节,它是第1章例子1.4提到的论文的文献综述的一部分。在这个部分,Ling Feng 回顾了术语"可持续发展教育"的起源,还讨论了在近几十年中,对该术语的解释和该种教育的开展发生了哪些改变。

例子→ 可持续教育的演化吸收了18和19世纪的一些思想家、作家和教育家的重要观点,其中比较著名的人士有歌德、卢梭、洪堡、海克尔、福禄培尔、杜威和蒙特梭利(Palmer,1998)。不管在国内还是国际上,苏格兰教授John Smyth都被视为环境教育(EE)的奠基人之一,在可持续性教育领域,EE是首批被使用的术语之一,如今依然在用。John Smyth对自然深感兴趣,认为教育能令人受益,尤其是能改变人们的思维和行为,他因提出这个观点登上了国际舞台。他参与了界定EE,这是国际上第一个被接受的定义,该定义是在国际自然保护联盟(IUCN)和联合国教科文组织(UNESCO)举办的环境教育国际工作会议上提交的⋯⋯(IUCN 1970)

来源:Feng,2010:26-27

术语"可持续发展教育"的正式出现,是在2002年的可持续发展世界峰会(WSSD)上,它比EE更广泛也更加人本主义。认识到之前地球高峰会制定的目标还远未实现,约翰内斯堡的可持续发展世界峰会清楚地意识到重新思考教育的必要性,而可持续教育则为这种"重新思考"铺平了道路(联合国教科文组织,曼谷,无日期)。联合国教科文组织把可持续教育定义为:"学习如何做出决定,平衡和整合经济的长远未来、自然环境和所有群体的福祉,不论近远、现在和未来。"(无日期,无页码)根据联合国教科文组织,"可持续教育的终极目标是赋权,让人们拥有视角、知识和技能,帮助他们生活在可持续发展的社会中。"(2004,无页码)

来源:Feng,2010:29

例子2.3

本例子来自健康研究领域,描述了传统社会对儿童健康的看法以及研究目的。Fairbrother接着挑战了传统框架。

例子→ 在对儿童健康的研究中,过去一般把儿童视为对象或"社会工程"(Christensen 2004;Mayall,1998)。成人或"成年人的"视角主导了研究议程,这导致了三个主要结果(Christensen,2004)……对儿童的这种看法以及这对于儿童健康领域研究议程的影响,反映了理解儿童的"主导框架"内更宽广的图景(James & Prout,1997:10)。

"主导框架"源于社会学和发展心理学。帕森斯(Parsons,1956)从社会学的角度强调了儿童需要社会化,以获得对文化价值观和习俗的认识,他们是一个等待成年人来填充知识的空容器。皮亚杰(Piaget,1955)的成长的认知发展理论,认为儿童缺乏理解世界的必要理性。Lee(2001:42)指出:

主导框架赞成把儿童当作一类特殊的人群加以处理。在其描述下,儿童具有异乎寻常的可塑性,且这种可塑性是不完善的,这种不完整的根源在于他们接近"自然",缺乏自控力。

来源:Fairbrother,2010:5-6

目的二:呈现研究的当代语境

对你的研究工作所处的当代语境进行的文献综述,一般集中于该领域当前的争论主题、近期的和正在进行的研究方向。文献综述的这个部分紧密关系到对你自己研究工作意义的讨论,因此也是对它的辩护。

例子2.4

在下面这段摘录中,研究者为读者介绍了土木建筑工程领域地下水污染这个题材和该领域目前的研究。这种语境化也有助于突出其主题的意义,让读者理解为何研究降低地下水污染的不同方法如此重要。

例子→ 地下水系统反应传送建模在近几十年成了重要的研究领域(如 Zheng & Bennett, 1995; Steefel & MacQuarrie, 1996; Mayer et al., 2002; Prommer et al., 2003)。其原因之一是,它是潜在的有力工具,能帮助我们理解净化被污染的地下水的过程。从领域层次来说,源于地下水污染的危机可以依靠自然进程（自然衰减）来降低（Carey et al., 2000；Lerner et al., 2000），或者依靠不同的工程治理方法来处理（Page, 1997……Wagner et al., 2002）。生物降解是清除地下水漂浮物污染源的主要处理方法，而且在绝大部分作业点都是非常重要的自然衰减（NA）过程（Smets & Pritchard, 2003）。生物降解式的污染清理优先于如依靠吸附过程而实现的污染延迟，因为污染聚集物可能转换为无毒产品，而不会存储起来，在将来的某一天释放到流动的地下水中。

来源：Watson, 2004：12

例子2.5

下面的摘录概述了当前与英国国民健康服务信息管理有关的问题和争论。它介绍了国民健康服务信息管理的研究语境，同时还定义了当前研究使用的一些术语。

例子→　国民健康服务体系（NHS）中的信息管理被称为"健康信息学"。该概念被用来支撑临床研究、决策和实践（NHS Executive, 1999）。医疗保健的信息管理"在病人保健和卫生保健管理服务中对于所有层面的信息处理来说……都是核心"（O'Rourke, 1999：1）。健康信息学强调运用信息技术来管理和提供健康服务（MacDougall & Brittain, 1998）。这完全不同于我在前面提到的对信息管理的更宽泛定义（Best, 1996；Parsons, 1996；Davenport, 1997）。对信息管理的这些整体主义定义把技术边缘化了，强调人的参与，考虑了整个的信息环境。

MacDougall & Brittain（1998）概述了健康信息学领域的最近发展和趋势。他们把健康信息分为四类：科学的、临床的和健康服务信息;患者临床数据;企业活动管理信息;公众的信息。关于信息管理的文献可以从标题、策略、问题、成果、需求和资源这些不同角度进行分类和讨论。

来源:Bacigalupo,2000:28

例子2.6

以下摘录来自儿童健康领域,它揭示了当前对不同的儿童研究范式的讨论。前面的例子2.3把"主导框架"看作历史上研究儿童的常规范式,本摘录紧随这个部分。Fairbrother在总结和解释了挑战"主导框架"的新范式后,介绍了对新范式的深入批评,集中在其局限和不足上。

例子→ 正是在这个语境下,James & Prout(1997)批评了主导框架,提出了研究儿童和童年的"新范式"。其关键方面可以总结为六点……

在每一点中,James & Prout都批评了他们认为主导框架存在的主要缺点。童年是一种自然的生物现象,这与主导框架把童年视为一种社会结构的观点形成了对比。发展心理学和社会化视角强调的童年的普遍性,被童年具有多样性的看法所取代。对儿童关系的研究被认为是有价值的,儿童并非在真空中被观察。儿童被看作社会角色,他们积极地建构自己的生活,而不是被动地被填充文化意识(Parsons, 1956)和理性思维的容器(Piaget,1955)……

批判主导框架的新范式,自身也被批判式分析。Lee(2001)论证说,应当把儿童定义为存在(回应主导框架把儿童看成"生成"——处于变成完整的人的过程中),新范式不兼容

现代童年和真正成年的含糊性……在后来的研究中，Prout
（2005）指出，在关注童年作为一种社会建构时，新范式忽略了社
会生活的物质构成……类似地，James & Prout（1997）承认，社会
建构主义蕴含的相对主义无法充分说明"国际范围内存在的对
儿童实施的政治、社会和经济上的虐待"这一现实（p.x）……

来源：Fairbrother，2010：7-8

目的三：为研究提供理论支撑

在文献综述中，应当介绍和讨论你准备用于指导研究、理解数据
的理论和概念。你对这些理论和概念的解释必须清晰。要实现这一
点，你可以先比较和对比别人是如何争论和定义它们的，然后再陈
述自己的立场。

术语"理论"和"概念"在不同的研究领域往往有不同的解释和用
法。不过一般来说，一个理论可以被描述成一个框架，常常以范畴
或关系的形式提供解释工具。在科学意义上，它就是一个命题，既
解释也预测现象间的关系。在社会科学中，这点不怎么明显，因为
相较于物质和实体的运动而言，人类行为不那么容易预测和整齐
划一。

一个概念是一个词语或表达，表征了一个普遍的或抽象的观念，
后者来自更具体的实例子，如"民主""社会阶层"或"压力"。换句话
说，概念就是用一个词或短语来代表一个想法。概念的使用为我们
理解世界提供了一种手段。

例子2.7

在下面的摘录中,Son介绍了"遏制"和"接触"理论,为他对韩国和朝鲜两国之间关系的解释提供了一个框架。通过参考美国在冷战之后的政策,他把这些理论与自己研究主题的历史语境联系起来了。

例子→ 本章的目的在于为各种遏制和接触战略提供历史说明,并且阐释它们的理论基础,以便揭示那些战略之间的相似与不同,并确定本论文提出的全面接触的关键概念是如何构成的。

冷战时期,美国和其他西方国家竭力遏制"赤色"在欧洲大陆的迅速蔓延,遏制成为冷战的一个副产品。在其拓荒之作《遏制战略》(*Strategies of Containment*)中,Gaddis(1982)试图从"战略"的视角分析遏制,旨在阐明这个令人迷惑的概念——它随着美国执政者的更替而经历了不断的变迁和转换。作为全球遏制战略的组成部分,美国需要与世界各地的民主国家建立紧密联盟,实质上就是建构抵制苏联及其同盟的一堵墙,于是就出现了诸如丘吉尔的"铁幕"这样的隐喻。尽管美国优先重建西欧,但它也向亚洲调拨了有限资源。首先,它转向日本,试图在该区域找到关键的安全合作伙伴,同时力求把被战争摧毁的韩国作为抵制共产主义的前线堡垒(Iriye, 1977;Ikenberry, 2001a)。具体来说,美国向日本和韩国开放了商品出口市场,帮助这两个遭受战争破坏的国家进行重建,以此反制共产主义国家在东亚的扩张。不过,美国并没有坚定地实施遏制战略,因为它引入了有限接触战略,偏离了其原初的线路,比如在20世纪70年代早期它与中国开始了接触。本节我们首先提供对遏制和接触战略的历史概览,接着从现实主义、自由主义和建构主义三个视角评论与冷战相关的理论。

来源:Son, 2004:14-15

例子2.8

Ling Feng在自己论文的文献综述中,讨论了四种安排课程的视角,其中有三个用来为其研究提供理论框架。在下面的摘录中,她介绍了自由进步主义课程,并把它与批判式课程进行了对比。在文献综述的这个部分,Ling Feng将这两类课程与中国背景以及一系列可持续发展课程教育联系起来。

例子→ 自由进步主义的可持续发展教育起源于自由进步主义课程视角。不管是批判式的还是自由进步主义的课程视角,都是作为反对西方教育中的技术至上主义和官僚主义视角而出现的。不过,18世纪出现的自由进步主义课程视角形成了截然不同的范式(Carr,1998)。批判式课程视角把教育看成社会变革而非社会再生产的动力,而自由进步主义课程视角认为教育本身是个人的,有内在价值,不是实现一些特定目标的手段或动力(Peters,1966)。受卢梭《爱弥儿》(Rousseau,1762/1979)提出的教育理念的启发,自由进步主义课程视角关注"理性自律和个体自由"(Carr,1998:237),提倡个体通过个人实现和心灵、智力和想象力的全面发展而成为能自由思考、有责任心、在道德上成熟的个体(Taylor & Richards,1985)。自由进步主义教育者始终注重发现和引导学习者早期的直觉,如"对正义的直观感受"和"孩子与生俱来的智慧",这贯穿于正规教育的整个阶段及其之后(Ashley,2005:191)。

来源:Feng,2010:44

例子2.9

在下面的例子中,Fairbrother 开始挖掘一个用于支撑自己研究的儿童研究范式。她首先认识到,她使用的这个范式本身已经被挑战了(见上面的例子2.6)。

例子→ 在承认这些批评的基础上,新范式的某些关键概念仍旧能派上用场,可以帮助我们解答如何看待儿童、如何研究他们的问题。Throne 断定,新范式已经进入"中年"(2006),而 Matthews(2007)对此提出了质疑,并确认了新范式仍旧在发挥作用的三种主要方式。第一,他认为儿童也主动参与了自己生活的建构;第二,新范式强调探讨童年的多元性,探讨不同环境如何影响儿童的关系、权利和责任;第三,该范式强调了童年的关系结构,并且承认成人在这些关系中拥有更多的权力,因此童年应该被理解成与"成年人"相对应的"未成年人"的意思。

来源:Fairbrother,2010:7-8

例子2.10

下面的摘录向我们介绍了"社会建构主义"理论,告诉了读者用于分析社会议题的理论视角。读者了解到社会建构主义的哲学起源,由此知道了该研究在社会学理论领域中的历史定位。

例子→ 对社会问题如何被概念化的探讨,揭示了20世纪社会学中许多更宽广的走向(Rubington & Weinberg,1995)。社会建构主义的哲学根源是现象学（如 Schutz，1973；Berger & Luckmann，1966；Douglas，1970）、民族方法学（如 Garfinkel，1973）和符号互动论［如 Foffman（1959）以及 Mead & Blumer 的工作］。总体来说，它们质疑被人们习以为常的实在本质，并且把世界看成是人类主观性的产物：人通过日常行为和互动，定义和解释了世界，并赋予其意义。

来源：Calcraft，2004：19

目的四：对研究所用术语给出系统的定义和讨论

你在研究中使用的术语系统，有可能被该领域中不同的研究者以不同的方式定义和使用。术语系统很可能包含了概念和理论的标签，比如上面提到的概念和理论，以及更具体的名词，如"社工"或"糖尿病"。你需要注意，不要认定你使用的词语和短语在意思上已经达成了广泛一致。因此，你应该向读者介绍每个术语被定义和解释的各种方式，以及清楚说明你会如何使用这个术语（见第8章，例子8.5）。

例子2.11

研究者在这里讨论了术语"双言"和"多言"，为研究提供了相关的术语系统和定义，并且表明了不同的作者依据具体社会语境是如何使用这些术语的。

例子→ "双言"描述了一种语言情景，其中……功能说明包括使用一门具体语言或语言变体——通常指的是高层次变体（H）或声名较低的低层次变体（L）——的准确性……不过在许多多语言社会，语言中间层次变体的存在和使用表明，高低变体的二分可能并不像在刚才描述的经典双言情景中那样严格。有鉴于此，Platt（1977）把术语双言拓展为多言，指代新加坡和马来西亚的语言情况，这两个国家有一种特殊的安排，有的区域存在几种规则。Fasold（1984）用几个非洲国家作为例子，以同样的口吻强调，在多语言情况中，不同形式的双言可能存在，有可能一种高层次变体和几种低层次变体并存，或者不同层次的高低变体部分重叠。

来源：Lee，2003：69

例子2.12

研究者在这里澄清了有意识和无意识的行为目标在意义上的差别。尽管从其他作者那里借用了定义，作者仍旧指出，他会在其研究中使用这些定义。

例子→　当我们考虑目标对行为的影响时，有必要区分有意识和无意识的目标。有意识的目标是以行为意向的形式表达的目标，意向是人们给自己颁布的实施特定行为的指令（Triandis，1980）。因此，有意识的意向就是对内在目标表征的表达。相反，如果个体没有意识到目标在发挥作用，或者没有意识到它对行为的潜在影响，那么目标就被认为是无意识的（Bargh，1990；Bargh & Gollwitzer，1994）。

来源：Webb，2003：2

目的五：指出前人研究的空白来为自己的研究辩护

一般而言，研究的一个共同特点是找出前人研究的某个"空白"，而你的工作就是要填补空白。例子2.13中Moore的工作就体现了这条一般性原则，他指出了早期的发音教学效果研究的局限和不足，并且表明当前的研究是如何填补该空白的。

例子2.13

例子→ 在转向研究发音教学及其效果的过程中，实证研究的数量过少，而且"考察正式的发音教学效果的研究已经产生了不融贯的，甚至矛盾的结果。"（Elliott，1995：531）。

Perlmutter（1989）的研究发现，对ESL的学习者进行6个月的发音特别强调教育，会提升理解力。不过，受试者都是第一次来美国，因此可以预料，不管有没有指导，他们都会取得巨大的进步……此外，侧重诗歌元素如韵律、吟咏和重音的教学，似乎能促使学生随时随地学习，而断断续续的教育不会有此效果。

有报道说Zborowska的研究（1997）[Leather对之做了讨论（1999）]发现，相较于没有接受指导的群体来说，得到明确指导的学习者能在感知和创造力上掌握特殊的音韵元素。

一项针对不同教学类型（教师纠正、在语音室自学和互相纠正）作用的研究中，McDonald et al.（同上，94）报道说："没有哪种单一的安排可以让体验它的全部学习者受益……"

上面的研究既没有确定性地回答发音教学是否在实际中

提高了第二语言水平这个问题,也没有确定性地回答哪种教学类型是最富成效的……然而,更近的研究似乎暗示,强调学习者态度、关注发音准确性的教学可能令人受益(Elliott,同上)。我们需要继续开展本领域的深入研究,为发音课程设计提供更坚实的基础。

本研究考察的基本问题是,接受特别发音元素指导的学生是否比他人表现得更好。

来源:Moore,2001:7-17

目的六:说明研究问题的重要性

除了指出前人研究的空白外,强调自己的研究的重要性同样很关键。前人研究的空白本身不能为你自己的工作提供辩护。你应该提出好的理由表明你的研究很重要,值得开展。这可能需要讨论你做此工作的动机。如在例子2.13中,作者就强调,在发音教学领域,课程安排要更有成效,她的研究因此很有必要。

如果你的研究旨在解决一个难题,建议引用本领域中的一些文献来支持你的主张——它为什么应该被研究。

例子2.14

这里的文献综述指出了对可持续城市排水系统(SUDS)领域的研究短板和开展更多研究评估这类系统中污染物水平的

44

会写才会读：完成文献综述的10个要点

重要性。作者提供的支持性证据表明，有必要研究其他方案，取代传统的城市排水系统——这是总的难题，同时也指出，人们对SUDS运行方法的知识存在空白。

例子→ 许多专家开始把可持续城市排水系统（SUDS）视为传统城市排水系统的替代方案。SUDS力图更接近源头存储、处理和处置雨水，被越来越多的人视为减少径流总量、改进径流质量和提升地下水回灌的有效措施（CIRIA，2000）。尽管SUDS被结合进排水设计已经好多年了，但没有产生大范围的影响。许多人认为其原因是我们对它们在该领域的实际表现认识有限（Delectic，1999）以及各种研究（Schueler et al.，1992；Young et al.，1996）中报道的大范围的污染清除。现在人们普遍认为，城市雨水被污染了，而且对我们的水道造成了有害影响。然而，用于预测雨水径流动向及其在SUDS设计中穿行时的内部污染物的模型，目前几乎还没有。这样的模型有助于评估SUDS中包含的污染物水平以及持续到达水道的污染物水平。

来源：Overton，2002：1

例子 2.15

在这个例子中，研究价值得到了实践上和理论上的支持。研究者强调了在组织发生根本变化后雇主和雇员的关系问题，并顺带提到该领域的研究短板，指出了目前研究能够填补的空白。

例子→ 这项研究既有实践上也有理论上的重要意义。

如果雇主-雇员关系得到改善,那么我们就实现了潜在收获……代理机构表征了该研究的实践意义……极少有组织为改善雇主-雇员关系而花时间系统地回顾职工的状况,不过这在大学和学院都是一项关键的管理训练(Fry, Hattwick & Stoner, 1998)。

本研究的理论意义在于,公共部门极少开展组织承诺研究,就更不用说从公共部门新分化出来的代理机构了。该研究的结果同样有助于提出建立在可靠知识之上的建议,可以用来更好地满足雇员的期望。个人所见,在组织承诺领域,还没有正式出版的研究。因此……本研究将揭示组织承诺对于代理机构的结果……可能不同于其他的公共的或私人的部门组织……搜集的信息越多、把信息用于组织承诺文献体系越多,管理者就越有能力以最能实现组织和雇员目标的方向指引人们。

来源:Culverson, 2002:22-4

例子2.16

下面的例子为研究聚焦于高等教育课程与可持续发展的关系提供了辩护。在她论文的前面部分,Ling Feng 已经指出我们缺乏为可持续发展提供全方位支持的教育,她在此为自己的研究提供了理由,说明她为何以高等教育体制为目标。

例子→ HEI潜力巨大,能通过可持续发展教育大力促进可持续发展(SD)(Wang& Raninger, 2001; Gough & Scott, 2007)。随着大量的HEI毕业生进入担责的决策岗位,重要的是作为个体和社会一员,他们有能力在SD的各个层面做出判断和负责的决定。此外,正如Corcoran et al.(2004)指出的,HEI也能通过把SD概念引入HE而受益,因为可持续性教育提供了"一个机会,使教育有更多问题意识、跨更多学科和有更多运用"(p.8)。

数量上不断增长的HEI逐渐实现了其功能和责任,促进了可持续发展。20世纪90年代是HEI集中展示对SD承诺的时代。在世界范围内,塔乐礼宣言(1990)、哈利法克斯宣言(1991)、斯旺西宣言(1993)和哥白尼宪章(1993)都可见到HEI的影子,都巩固了HEI在与SD相关的教育、研究、操作、政策形成、网络化和拓展领域的作用和责任。就教育而言,哈利法克斯宣言鼓励HEI"提升大学传授和实践SD原则的能力、增进环境素养、促进教员、学生和大多数公众对环境伦理学的理解"(International Association of Universities,1991,无页码)。

来源:Feng,2010:7

任务2.1　思考你自己的研究

思考你自己提出的研究主题。

把表2-1当作模板,根据本书提出的文献综述的各种目的,考虑和记录下可以融合进综述的相关信息。根据每种目的,在第三列记下你需要参考的重要文献。有可能你会随着阅读量的增加和研究的推进而逐渐增补第三列(关键参考文献)。

为了完成这个任务,想想你希望录入但又不在列表项目中的信息。至于如何提出论证以及文献综述的整体结构,将会在第6

章考虑。

表2-1　你的综述目的与关键文献

我的研究主题		
研究问题		
文献综述的目的	根据自己的研究主题需要收录的相关要点	关键文献
历史背景		
当代语境		
理论和概念		
相关术语系统		
前人研究及其缺陷		
空白、挑战、拓展		
被研究议题的意义		
其他		

本章小结

　　总体来说,本章包含以下内容:

　　讨论了可能在文献综述里实现的多重目的;

　　考察了从学位论文中摘录的一些例子,它们来自许多不同的研究语境,展示了文献综述的多重目的;

　　提供了一个模板,可以作为基础用于探讨你对自己的文献综述的相关内容的想法。

3.

文献搜索与开展研究

本章内容提要

　　本章讨论开展全面的、广泛的文献检索的重要性，它是文献综述过程的组成部分。具体说，本章旨在：

- 定义术语"文献检索"；
- 讨论实施文献检索的理由；
- 甄别不同类型的信息来源，这些都是你在进行文献搜索时很可能接触到的；
- 提供评估在线来源的程序；
- 介绍可能用于检索信息的各种电子工具；
- 概述文献检索过程采用的有效步骤顺序；
- 示例检索信息时如何使用关键词和布尔逻辑；
- 介绍用于文献搜索的其他电子工具，如 RSS 源和网络社交"标签"。

文献搜索是什么

　　萨拉·加什(Sarah Gash, 1999 : 1)把文献检索定义为"系统全面搜索所有类型的出版文献，以便尽可能多地遴选出跟某个具体主题有关的内容"。它是研究过程的一个关键部分，因为它是你阅读的基础，也是撰写课程论文或学位论文的文献综述的基础。它一个持续的过程，除了在研究过程的早期开展全面的文献搜索外，你还需要在整个研究的过程中继续寻找相关的读物，确保万无一失，并保持与新的出版物同步。另外，你的研究焦点有可能在工作进程中发生变化，使你有必要重新搜索文献，以便在研究中涵盖新的趋势。

　　信息时代，检索文献变得比过去要复杂得多，但与此同时我们能更快捷方便地获取资源。你不仅可以通过互联网从自己的电脑或移动终端上获得海量信息，而且还有各种各样搜索信息的方法。在首次启动研究时，选择可以多得惊人，这就是绝大部分大学都安排了信息管理课程的原因。这类课程是值得花时间学习的，它能帮助你为自己的学科以及自己从事的具体研究领域选定最合适的检索工具。即便你没有学习信息管理课程，也要勤去图书馆，跟图书管理员搞好关系。他们不仅能帮你检索，而且能提供指导。有些图书馆还可能有学科专员，他们能为你的研究主题指明正确的方向。即便你在研究时无法前往图书馆，也可以通过电话或者电子邮件寻求帮助。

文献搜索的目的是什么

　　第2章讨论了出现在学位论文中的文献综述的多重目的。现在我们转向文献综述过程——更具体地说是文献检索——的目的。

有许多理由可以说明,开展全面的文献检索为什么很重要。首先,你需要确定你工作所在的领域和具体语境。在文献检索的开始,你的阅读是探索性的。你可能对想要研究的东西有点感觉,但除非你围绕主题做了阅读,否则你确定不了研究焦点,因此也不确定工作的准确背景。文献检索可以帮你思考研究焦点和它所在的更大语境。除了帮助你选定一个主题,它还能帮助你找到进入研究的途径和你希望采用的研究方法。说得更具体一点就是,文献检索能帮助你找到你可以搜集和使用的资料类型、资料搜集网址、样本大小和你可能用于分析资料的方法。

除了围绕主题进行阅读以便找到研究对象和研究方法外,你还必须对所在领域有一个全面透彻的了解。文献检索和阅读是深入理解所在领域里的关键概念、理论和方法论的手段。通过提升你对该领域的认识、知识和理解,你对甄别出的重要研究议题能做出更好的选择。

做缜密的文献检索的另一条重要理由是,弄清楚在该领域其他人做了什么,以避免重复前人的工作,有助于确保你工作的原创性——这是学术研究一个关键的先决条件。通过探索该领域的前人研究,你就能找到还没有研究过的地方,知道如何拓展其他人的工作,如何解决前人研究遗留的问题,如何避免重复他人的错误。换句话说,你可以找到你的研究能够填补的缺口或空白(Swales, 1990)。

文献检索的另一个目的,是找到跟自己的研究相关的关键人物、组织和文本。相关组织可能包括学术的、政府的和职业的团体。你的领域里会有一些关键期刊,刊载专家评审过的论文。你应该找到有关期刊,在研究的过程中经常参考,方便你找到重要的论文。在持续查阅文献的过程中,你会开始注意到有的名字经常出现,追寻下去你就能找到该领域中的关键研究者。搜出他们出版的全部作品并跟进他们的最新论文,可能会很有用。

显然,文献检索可以满足一系列目的。正如上面所说的,我们应该把文献检索作为研究过程中持续进行的部分,这很关键,尽管随着阅读的推进,你的目的可能会从探索式的转变成更为聚焦的。

信息的来源

在开展学术研究时,你不应该限制于一种具体类型的出版物或信息来源,而是要调研所有相关的材料。下面总结了最常见的信息来源。

书　籍

许多研究新手首先想到的很可能是书籍,以它们来开启学术领域探索之旅。大学图书馆的书架摆放着大量的印刷书籍,而且它们的电子版也变得越来越容易获取。现在我们有可能在便携电子阅读器上看很多书,比如亚马逊生产的 Kindle。不管是印刷品还是电子资料,都有大量可供参考的文献。下面是最重要的文献类型。

教材　收录了一个学科领域里的基本原理、概念和理论。它们通常包含被某个领域当作常识而普遍接受的信息。

专业书籍　可能会报告一篇完结了的博士论文研究,或者某个研究范围内具体理论领域的研究,也可能收录了在某个具体主题上不同作者写的篇章,并且评论了每个部分对该书的贡献。例如,会议论文可能被结集出版。

工具书　如词典、百科全书、人名地址录,被用于找到特殊的信息或定义。它们有电子版的,也有印刷版的,电子版通常可以在网上获取。

期刊论文

期刊刊载了同行评审的学术论文,它们是由一个具体领域的不同研究者或者专门人才撰写。每个期刊都有自己的选稿标准和读者定位,每期一般会清楚阐明其目的。同行评审过程意味着该领域的其他学者或专家看了每篇刊登的论文并且提了建议,因此保证了其质量。期刊收进了一个学科中传播的最新观念,而且大部分现在都在网上获取。

大学图书馆订购了大量电子版的期刊。不过,如果在文献搜索时你想要一篇文章,但图书馆没有订阅刊载它的期刊。通常你可以利用馆际互借的方式从大英图书馆这类中心馆藏获取该文章。使用谷歌学术等网站也可以找到它,尽管很可能不是免费获取的。

大多数期刊每年出版4-6期;一年中的期刊集合成一卷。

对某个领域的已出版文献的综述

这些综述可能以期刊论文或书籍的形式出版,提供了对一个领域的研究或理论的总结和综合。它们被称为系统性文献综述,一般由学术团队和专家组编写,旨在研究一个清楚聚焦的对象或问题。如卫生保健领域的科克伦协作网(Cochrane Collaboration)这样的组织收集了系统性综述,用于实践指导。已经出版的文献综述提供了对一个领域的有用介绍和概览,但是在做课程论文或学位论文的文献综述时,不能仅仅依靠它们,你应该表明你自己有能力甄别和解释有关的原始资料(对于系统性文献综述,更详细的内容见第11章)。

"灰色文献"

其他重要的信息来源统称为"灰色文献"。该术语指称没有以商业形式出版的材料，难以通过常规的出版渠道获得。一般来说，灰色文献包括：报告、学位论文、会议论文集、正在推进的研究、传单和公告、媒体报道、专利作品、书信和日记。

报告　可以是公司或政府机构撰写的，是在对某个事件或情况进行调查的基础上报告其发现和建议。

学位论文　通过阅读学位论文可以了解其他硕士或博士的研究。论文的电子版也越来越容易获取；例如通过 EthOS（大英图书馆的电子论文在线服务），我们可以获取英国的博士论文。有些学位论文可能已经以更精炼的形式（如书或期刊论文）出版了。

会议文献　学术会议一般有打印成册的摘要，也经常有论文集出版，论文集由会议上提交的论文选编而成。

大众媒体　报纸、行业交流期刊和杂志可能与某些研究主题相关，研究者可以从中找到当前发生的事件和解释，以及公众的反应。

专著/写作中的论文　有些研究中心可能为该领域的其他研究者或专业人士提供可以获取的专题论文。

专题文献和原始资料来源　在某些专题领域，文献可能包括地图、音乐、日记、书信、诗歌和小说的手稿、专利以及其他法律文件。

网　站

很多不同类型的信息可以通过网站找到，而所获资料的质量则需要个人判断。有些类型的网站可以用作信息来源，列举如下。

专业组织如英国心理学协会的网站提供了出版物、会议和相关新闻稿的许多信息。英国政府网站如教育部官网提供了政策文件、报告和资源的入口。慈善机构如乐施会的网站提供了有关世界事件和求助的信息，还有发展报告和资源的入口。有些机构网站结合了社会化媒体如 Flickr\Twitter\Facebook，博客、播客和 YouTube 视频，它们都能用于搜集某个实践领域的最新争论和话题的最新信息。

维基是在线百科，每个人都能参与编辑。它一般不被当作可靠的学术信息来源，但能提供对一个领域的概览——如果要对该领域进行深入的探讨，我们需要其他被更严谨评审的信息来源。如果使用维基百科的信息，你必须评价被引用的文献，并且运用它们来评估和服务于你自己的工作。许多学术机构并不认同维基百科作为参考文献，原因就在于其开放的编辑接口。

个体学者一般都有自己的网页，上面介绍了其专业详情、兴趣所在，以及他们的出版物清单。如果你找到了一位对自己的研究很关键的作者，可以去他的个人网页，看一看有没有对你的工作有重要价值的最新出版作品。

评价在线信息来源

所有信息来源在被学术写作采用之前都应该谨慎地评价，尤其是在线资源。这是因为，任何人都能在网上发布信息，而且资料不是都经过了同行评审。学术写作的文献列表上，应该包含每个来源的作者和日期。如果作者和日期都不可查，就要慎重考虑是否采用这个参考文献。由于网站并不总是清楚显示这类信息，所以在当作来源进行引用时，你必须考虑它是否合适，我们需要从下面几点着手。

- 分析URL(统一资源定位符)地址,评估该网站的可信度;访问一个网站时,URL地址出现在浏览器中,位于屏幕的顶端,域名的后缀提供了重要信息。下面是不同组织类型网站的后缀。
- .ac和.edu=教育机构(如www.shef.ac.uk)
- .org=非政府和非营利组织(如www.farmafcica.org.uk)
- .gov=政府组织(如www.dft.gov.uk)
- .co和.com=商业组织(如www.canon.co.uk)
- 国家代码(如.uk代表英国,.my代表马来西亚)表示网站的来源地。

探索网上信息在网站之间切换时,一个网站上的超链接可以让你进入另一个网站的页面;你最好是点击网页顶部的主页标签,确定是否需要上面的资料。理解一个网站的URL结构也很有用,通常情况下,存在一个"网站地图"标签,它会显示整个网站的结构,帮助你找到更快通向所需信息的途径。

- 哪个组织或个人创建了这个网站? 这个创建者或组织是否在你的领域已经有了定论? 如果创建者是匿名的,我们建议别把这个网站当作学术参考的来源,因为你没有办法评估其可靠性。如果你能确定创建者或组织,但之前并不认为他们是可靠的来源,就应该深入调查一下,确定他们在该领域是否可靠。例如,你信任的一个来源有这个网站的链接。该网站可能有个"关于我们"标签,这可以帮你发现更多信息。通过互联网搜索创建者或组织名称,你能找到创建者的职业背景和资质。还可以试试在图书目录和摘要数据库中搜索该创建者的其他出版物。所有这些技巧都能帮你确定创建者或组织是否在其领域被认可。
- 网站是什么时候创建的,或者最后一次编辑是什么时候? 你能否在该网站上找到创建日期或者"最新更新"记录? 在网站顶端或者网页底部的标签中找找这个信息(如,可能有个"关于"标签)。另外,如果你不知道该信息是什么时候发布的,最好不要使用。如果有创建日期,但来源很老,就要评估一下它是不是适合你的目的。

- 在线资源是什么类型的?如果你登录的是社交媒体(如维基或播客),它们没有经过同行评审,就可能不适合在学术论文中引用。使用社交媒体来源的信息在某些学科或者语境中或许可以接受,但这需要跟导师确认一下。

- 内容是否是用充分的证据以合乎逻辑的方式组织的?创建者是否提供了平衡论证?是否有参考文献清单,它们在你的领域是否被认定为可靠的?如果有语法、标点和拼写错误,该来源很可能没有经过同行评审或者检查,因此不是一个能用的可信来源。在评估在线信息来源时,第4章和第8章关于批判性阅读的指导也能派上用场。

不同类型研究的文献使用

有些专题文献很可能本身就是研究的资料或对象。使用文献作为研究资料的研究,通常被称为"扶手椅研究"或"基于图书馆的研究",往往出现在法学、历史和文学这种领域。

这里简单说说文献使用方式的这种差别,区分两种不同类型的研究对你会有帮助。对于许多研究者来说,他们的资料来自访谈、实验、行为观察等。焦点在于收集以前没有被记录的信息。这可以称为经验/实证研究,研究者主动走出去,进入田野/实地或实验室探索并发现新的信息。如果资料库由文件或文本构成,那就是另一种研究了。在这类研究中,文献本身提供了资料来源,就是分析的焦点。当然,有些研究项目结合了经验研究和基于图书馆的研究。例如,专利法的研究者可能对有关法律文件进行分析,还访谈那些解释法律和法规的法律从业者。

寻找信息来源的工具

如前所述，你要求的许多信息来源都有电子版，例如图书馆网页或者开放存取网络、电子期刊数据库。个人学术网页上可能有期刊论文或电子书籍的链接。

总结了你可能需要的几种主要的信息来源类型后，现在介绍能够用来启动信息搜索的几种主要工具。你最好花些时间熟悉可以用到的搜索选项，因为高效使用工具是研究过程中非常关键的一部分。总体而言，可获得的搜索工具可以分为以下几类：

- 书目
- 书目数据库
- 互联网搜索引擎
- 开放存取数据库
- 专业组织网站

下面将举例子一一阐释。为了找到最合适的数据库和入口，你可以在图书馆网页上使用关键词搜索寻找有关的主题领域，或者咨询导师和你的同事、同学。

书 目

图书目录（联机公共目录查询系统—OPAC） 图书目录或OPAC提供了书目细节和某个具体图书馆收藏的全部出版物的摆放位置。英国大多数图书馆都使用杜威十进制分类法，而美国多使用国会图书馆分类法。在两个系统中，书籍依据主题分类，放置在有具体编号的书架上。

目录现在常被做成数据库，可通过网络访问。因此，你一般不需要待在图书馆进行搜索。操作大同小异，你可以使用主题、作者或标题的关键词搜索。你最好是花点时间了解该怎么使用你们学校的图书馆目录进行高效检索，以便最大限度地发挥其功能。如果有需要，就请教图书管理员。

Copac 国家、学术和专业图书目录检索系统 该系统包括英国和爱尔兰的研究型大学，以及大英图书馆、苏格兰国家图书馆和威尔士国家图书馆。它是免费的，不仅检索范围超过单个图书馆，而且还指出了文献所在地。越来越多的图书馆，包括某些专业文库和馆藏，正不断增加进来。Copac 网页提供了最新目录信息。

国家目录 许多国家有自己的国家目录，列出了在该国可以获取的所有出版物。下面是两个例子：

英国图书馆集成目录。这个目录从英国图书馆操作，它有英国可以获得的出版物的全部复本。我们可以访问其网页登录。Zetoc 是英国图书馆为 1993 年以来大量期刊和会议论文集的目录制作的电子表格，表格里有这些文章和论文的完整文本的链接。对于英格兰、苏格兰和北爱尔兰教育机构和国民健康服务的会员来说，这些资料都是免费的。而且你可以设置邮件提醒功能，有新的文章和期刊加入数据库时，就能接收到最新信息。

美国国会图书馆目录。在其主页，你可以搜索国会图书馆目录，还可以获取世界上许多其他图书馆的目录。

BUBL 链接 BUBL 链接是网络资源目录。它提供了世界上其他大学的 OPAC 链接，还有许多其他网络资源的链接。

出版商和书商的目录 像 Amazon 这样的书商和 SAGE 这样的出版商都有目录，列出了所有出版的书籍。你可以输入主题、作者和关键词进行搜索。这是搜索一个领域里最新出版书籍的有效方法。

书目数据库

大学图书馆订阅了大量不同的数据库和电子期刊。你通常需要大学的机构账号进行登录。

书目数据库是一个具体的主题领域中被组织过的出版物清单。被收录的出版物依不同的数据库而定，但通常聚焦于期刊论文和会议论文。对系统性文献综述而言，书目数据库越来越成为重要的信息来源。你往往在大学图书馆的网页上为自己的主题搜索相关的数据库，一般说来，图书馆网页上会对每个数据库进行描述。在许多情况下，数据库不仅提供摘要，还提供全文链接。要注意：相较于使用如谷歌学术这样的开放存取搜索路径，使用用户名和密码登录的大学账户更有可能获取期刊论文的全文。这是因为大学订阅了相关的电子期刊，因此你有访问权限。

以前像这样的数据库有印刷版，另外，如果研究需要较旧的资源，你可能得找找摘要和索引的纸质版汇编。但电子数据库现在很常见，可以通过联网的计算机服务或者光盘获取。

以下是一些知名数据库：包含自然科学、社会科学、人文艺术学科文献的 web of science（WoS）；生物医学文献的 MEDLINE；包含许多学科的电子图书、期刊论文和学位论文的 ProQuest；卫生保健领域系统性综述的实证医学数据库（Cocahrane 数据库）；学位论文索引（UK theses）；EthOS（大英图书馆的在线电子论文服务）；学位论文摘要（US and Worldwide Dissertations and Theses）。

由于单个数据库可能没有收录你感兴趣的所有期刊，所以你不能只访问你学科里的一个数据库。而且由于不同数据库一般有不同的搜索规则和布尔运算规则，所以在使用多个关键词组合检索时，建议参考所在数据库上的帮助菜单。

网络搜索引擎

搜索引擎是非常大的数据库。它们翻查大量其他数据库和网站，寻找信息创建它们自己的网页数据库。搜索引擎是由计算机自动设备创建，它们扫描大量网页，根据出现的网络文献关键词把它们添加进数据库。有了搜索引擎，你就能在"搜索"栏输入关键词寻找信息。这样你就能检索一系列的网络文件。最有名的最可靠的结果一般出现在列表的第一个。英语世界最著名的两个搜索引擎是Google 和 Altavista。

不同的搜索引擎搜集信息的方式略微不同，因此最好是多了解一些引擎。你可以在两个或更多的搜索引擎中输入相同关键词，比较其结果，看看不同引擎之间的差异。使用帮助菜单和高级搜索选项，提升检索技巧。

再次提醒，如果你没法追踪到资料的创建者，如果文件的目的不清晰，那么该网络文献就不是可靠的学术来源。因此，你在使用网页信息时要慎重，进行学术写作时，如果想引用它，一定要先做可靠性评估。

谷歌学术　谷歌学术(scholar.google)是更特殊的搜索引擎，正如名称所暗示的，它提供了搜索学术网页链接的工具。你可以用关键词或作者进行检索，找到大量经过同行评审的文章、书籍、报告以及它们被引用的次数和被其他文献引用的位置的信息。谷歌学术让你知道你能在哪里以及如何获得你正在搜寻的文本。

开放存取数据库：开放档案计划

现今网上可以找到许多开放存取数据库。这意味着所有人都可以访问该数据库中的文献，而不需要操心个人或机构是否订阅了。下面是两个例子：

开放存取期刊目录（DOAJ） 这是个开放存取期刊数据库，期刊来自许多不同的学科领域。该目录在不断添加更多的期刊。用户能访问目录中所列期刊上的绝大多数论文全文。

PubMed 这是 Medline 的免费版，提供了医学领域的信息，由美国国家医学图书馆提供。

专业组织 正如前面提到的，许多专业组织都有自己的网站，提供了大量有用的信息、联系方式和链接，把你引向相关的和最新的来源。例如，英国文化协会（UKLA）是一家注册慈善机构，促进许多场合下文化教育的有效实践。它包含了期刊、出版商和资源的链接，提供了有关当代争论和会议的信息。通过这类专业组织网站，你有可能发现研究领域的关键作者，有助于确保你找到所有重要的文献。

其他领域的例子包括英国皇家护理学院（RCN），英国特许财政和会计学会（CIPFA），英国法律学会和工程与技术机构（IET）。要发现哪些专业组织可能对你的研究很重要，就在互联网浏览器上使用多个相关的关键词进行搜索。

重视文献搜索的过程

本节考虑开展文献检索的实际过程。上一节的焦点是各种电子工具，以确保你的检索百无一漏。在考虑整个过程时，我特别强调，除了网络搜索外，你必须花时间泡在图书馆，在根据你阅读的图书和文章目录翻阅文献时，要掌握**滚雪球**的方法。慧眼识珠，是检索文献时的另外一项重要能力。你可能在浏览图书馆的书架时、在会议上与同行闲聊时、在点击不同的标签点到一个标签网站后，发现了一个关键来源。

熟悉图书馆

尽管越来越多的信息可以通过网络获得,但图书馆及其纸质版资源不应被遗忘。尽管从电脑甚至手机获取所需文献很方便,但你可能仍旧享受浏览书架翻阅纸质版资料的感觉。只要有可能,就要在整个研究过程想办法进入大学图书馆。尽可能制定一个图书馆阅读计划,具体确定不同类型的信息放在哪儿,熟悉你可能想使用的不同设备系统。例如,如果你正在研究一个相当特别和不寻常的题材,你需要的文件可能并没有被你的大学图书馆收录。要获得它们,你很可能需要使用馆际互借服务,并且从中心资源库(如大英图书馆文件供应中心)预定书籍或者论文复本。因此,你最好看看你是否能在你的大学图书馆使用这项服务,以及该如何使用。

在你的大学图书馆逛逛,看哪些书架的书最接近你希望研究的主题。在图书馆书目里进行大致的主题关键词搜索,能让你知道自己所要找的书架。书籍能帮助你大致了解相关领域,确定更具体的主题和关键词,以便做更详细的、更精炼的搜索。当然,你需要的所有书籍可能不在同一个地方——尤其是当你要在不同学科之间建立新的关系时。同样还要记住,图书馆一般为超规格书籍单独提供了书架和位置。一旦你了解了与主题相关的书籍的摆放位置,就经常性地来回看看这些书架,因为你可能会出乎意料地发现可以用到的标题。在研究的不同阶段,你心里有不同的侧重,不同的标题可能在不同的时候突然打动你,从而变得重要。电子书籍很容易在大学图书馆获取,所以也要充分利用在线目录找到图书馆收藏的书籍,并且找到获取它们的方法。

同样,你还需要知道期刊放在哪些架子上。确定你最需要的期刊的位置,而且要定期找找新的一期。书籍中引用的期刊论文有助于你找到你所处领域的关键期刊。你也可以在书目数据库中搜索关键词，来确定有关的期刊论文。大多数期刊现在都可以在网上获取，因此你可以将全文下载到你的电脑中。另外，近几年来，越来越多的期刊只发行电子版。邮件提醒和RSS源（见下面的部分）是普遍可以使用的工具，能结合进你的研究活动，确保你收到网站和相关的新出版物更新的通知。

要发挥电子搜索设备的优势，你得熟悉你们学校图书馆的网页。在浏览这些网页时，你会发现上面有丰富的资源、建议、目录入口和通向全世界信息搜索（当然是虚拟的）的链接。如果你是远程学习，潜在的在线图书馆会为你提供方法，方便你在自己的电脑或其他移动设备上利用互联网开展大量的文献搜索工作。现在，人们越来越多地使用智能手机上网，不过屏幕小是其劣势。

咨询同学和导师

关于参考文献的事情可以咨询导师和同学，入门后就可以自己做研究了。你的导师可能乐意告诉你进行文献检索时最有用的数据库，但也可能有意让你自己去发现。开展研究的挑战之一是保持独立，这包括自行决定如何和到什么地方搜索信息、看什么资料。不过，如果你不确定你在做什么，感到迷茫和不知所措，就应该向导师或图书管理员寻求帮助。

有些期刊刊出评论性文章，以系统性文献综述的形式对某个具体领域的研究和理论进行综合处理。如果你发现有一篇与你的主题相关，那就是好资源，但你也要看看被综述的原作品。你的导师或许能指点你读这类整合性的综述——如果最近存在这么一篇跟你主题有关的综述。

关键词搜索

当你对你希望研究的主题有更具体的想法时，就能确定可以用于搜索的关键词了。关键词要精确地描述你要寻找的内容。一旦想出了关键词,就能够查询词典、主题词表、百科全书,你还要考虑那些覆盖兴趣主题的其他词语和拼写。

你可以使用正在阅读的论文所采用的关键词来帮助你确定下一步的要搜索的关键词。但要注意,即便是使用关键词,你也可能错过某些论文。某篇论文的话题正是你寻找的,但它的作者选择用来代表该论文的关键词,可能不同于你为自己的研究选择的词语,因此,你最好尝试采用不同的关键词和关键词组合。

保存下所有的关键词搜索记录,避免以后做重复工作。组织搜索和阅读的体系会在第5章讨论,而第4章讨论如何处理阅读的数量,如何挑选你通过搜索而实际获取的文本。在下面探讨网络社交"标签"的部分,我将说明,对于使用关键词语来说,添加标签已经成为一项重要的技术。

滚雪球搜索技术

在你围绕主题看书的过程中,可能会重新定义研究焦点,这或许会把你引向新的或者修正过的关键词搜索。你需要在所翻阅的书本和文章的参考书目中认出熟悉的作者和被引用的文本,并循迹在目录和数据库中寻找更具体的文本。当你从所读文本中追踪新的文献时,就用到了滚雪球搜索技术。在最明显的意义上,滚雪球搜索技术包括根据参考文献追溯到前人的研究,现在有许多数据库和期刊能帮助你往后追踪到引用。举个例子,如果你在看一篇2004年的文献,你能找到后来引用过该篇文献的文献。根据我的经验,随着研究的聚焦程度增加,研究者更熟悉相关领域的文献,利用滚雪球技术拓展阅读范围一般比关键词搜索更普遍。

由于文献搜索过程一直贯穿整个研究期间,所以你最好是记录下每一个工作步骤。表3-1是任务3.1的一部分,可以作为工作清单使用。

关键词和布尔逻辑

布尔逻辑可能使你的关键词搜索变得更为老练。这个体系得名于英国数学家乔治·布尔（1815-1864）。它描述了可以把关键词语组合成查找条件来进行搜索的符号和词语系统。搜索条件表示你想在搜索中涵盖的和排除的东西，帮你在寻找信息时做得更精准。不同的目录、数据库和搜索引擎，在布尔逻辑运算符的用法上略有不同，值得我们花时间检查一下帮助菜单或高级搜索选项，以便获得详细的信息。

在此我们描述三个最有用的逻辑运算符——AND（和），OR（或）和通配符的基本原理。利用"AND"连接检索词，检索结果会包含所有检索词。某个文献如果只包含其中一个检索词，则被排除在检索结果外。举例子说，如果你输入"肥胖 AND 少年"，检索结果就会同时包含"肥胖"和"少年"。类似地，如果用 OR 连接检索词，检索结果中就会只包含任意一个检索词。如果两个术语非常相似，你又希望扩大检索范围，寻找包含其中任意一个词语的文献，使用 OR 就行，例如，"青少年 OR 少年"。在这种情况下，检索到的文献含有关键词"青少年"或者"少年"。

第三个选择是使用通配符，如星号(*)。通配符取代一个单词中的一个或多个字符。它可以与词根连用，检索到该单词的所有变形；或者在一个单词中间使用，从而可以检索到该单词的不同拼写。不同数据库的通配符可能采用不同的符号，所以要查看对应数据库的帮助文件，从而确认该数据库中通配符的具体形式。下面以通配符(*)为例子：

Col*r——检索出 colour 不同的拼写；

migrat*——检索出以词根为基础的不同形式：migrate，migrated，migrating，migration。

正如前面提醒的，你应当在所用的目录、数据库和学科门户网站查看高级搜索或帮助菜单，以便开展最有效的搜索。它们提供了不同的关键词搜索输入方式。例如，如果使用谷歌或谷歌学术搜索引擎进行高级搜索，AND，OR 和 NOT 函数搜索的结果分别是：检索结果包含所有词语；检索结果包含某个具体短语；检索结果至少包含其中一个词语；检索结果排除某个词语（见图 3-1）。

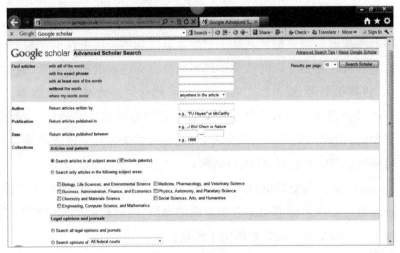

图 3-1　谷歌学术搜索（谷歌授权）

总的来说，关键词检索应注意以下两个重要方面：

- 确定所有能精确地、简洁地描述你所找内容的关键词；
- 在进行检索的不同在线目录和数据库中，有效运用这些关键词和逻辑运算符。

保持更新：RSS 源和邮件提醒

　　RSS（信息简易聚合）源是从选定网页把新信息引到个人新闻阅读器或个人在电脑上的"喜好收藏"中的一种方式。通过建立 RSS 源，最新信息就集合到一个地方，你就不需要分别访问每份期刊、网页、博客等，去找到是否有可获得的新信息。只要在线显示有 RSS 符号的地方，都可以建立 RSS 源。你需要订阅每个网页的源，点击这个符号和接下来的指示，就可以收到更新。你可以在自己的电脑上添加 RSS 源到"喜好"列表，你也可能需要个人新闻源阅读器，如谷歌阅读器。如果你喜欢从不同的电脑或你的手机上获取更新，就尤其有这种需要。新闻源阅读器不断检查你选定的新闻网站、数据库、博客和期刊，查看新内容，并"反馈"到你的阅读器上。RSS 源是接收最新信息的有效方法，价值很大，可以确保你的文献综述跟上新动向，但缺点是可能造成信息超载。因此，RSS 源应该谨慎建立，每项来源都需要检查，仔细评估它是否与你的主题领域相关。

　　另一项接收更新的技术是邮件提醒。你可以注册，接收来自符合你制定的搜索标准的某个出版商的网页、期刊和数据库的邮件提醒。这些提醒会发送到你的电子邮箱。

网络社交"标签"

　　文献搜索以及与其他有类似兴趣的人分享资源的另一个工具是网络社交"标签"网站，如 CiteULike。像这样的网站提供了寻找、获取、记录和检索信息完全不同的方法，它也是一种创建和拓展研究团队的方法，收集相关文献的过程就不是那么孤立的活动。

　　网络社交"标签"网站源自人们共同使用的标签工具，通过后者我们能把有用的网站添加进网页浏览器工具条上的"喜好"菜单。以后要访问该网站时,我们直接点创建的"喜好"链接即可。传统标签的缺陷是,它与特定的一台电脑,而且通常是与一个用户绑定了。有了网络社交"标签",你的标签就被放在一个网站上,可以从许多地方访问,其他有兴趣的参与者也可以访问。

在文献搜索过程中使用网络社交"标签",你首先需要选择一个网络社交"标签"网站,如 CiteULike——该网站建立于 2004 年,专门为研究者寻找、存储和分享电子研究论文而设计。在加入网站后,感兴趣的文章的链接就可以存到个人图书馆。在 CiteULike 上,书目细节自动添加,个人"标签"或关键词可以出于分类的目的而创建。你可以对添加的论文做出评论和评级。

就文献搜索而言,"加标签"很关键,因为用户能用一个特殊标签搜索所有文章,从而发现其他有关联的论文,并且跟具有类似兴趣、使用相同标签的其他人建立关联。你可能看出谁给相同的文章加了标签,可以访问他们的藏书,找到其他的论文。

CiteULike 有些其他附加特征,能帮助我们进行文献搜索。首先,通过设置 RSS 源方便接收新通知,第二,题录链接可以输出到参考文献管理软件,如 EndNote(见第 5 章)。隐私设置也可以使用,标签云显示最常用的标签,字体较大,而不那么常用的标签字体较小。

不过,使用网络社交"标签"工具也有某些潜在的劣势。比如,没有对"添加标签"进行监控,标签的精确性和适当性就取决于网站参与者是否负责而谨慎地使用。此外,网络社交"标签"网站上的个人藏书也可能成为监控和更新的在线站点。比如说,为了你自己的研究,你必须选择最适合自己目的和偏好的资源。网络社交"标签"提供了潜在的在线研究团队,它可能适合、也可能不适合你自己的需求和研究语境。

任务3.1 追踪和记录你的搜索

表 3-1 中的清单模板有助于你追踪和记录你的文献综述过程。具体来说，清楚地记录下你开展的关键词搜索、用到的目录、数据库、学科门户和搜索引擎，是一件很重要的事情。完成这个清单是一项持续进行的任务。如果你处于研究的早期阶段，重要的是熟悉你需要做的记录类型。如果你早就开始了文献搜索，就要确保你采用了全面的记录保存系统，见表3-1。

表 3-1 文献搜索记录清单

待研究主题			
下面是完成的关键词搜索			
目录名称、数据库、搜索引擎或网络社交"标签"网站	开展的关键词搜索或者用到的标签	搜索结果(比如定位的文章和书籍)	搜索日期
可能找到与研究有关的书籍的图书馆馆藏信息			
为研究确定的一些关键书籍			
该领域里的前人研究工作的有用整合性综述			
我为研究确定的关键期刊			
该领域里的重要的作者/研究者			
有用的专业网站			
网络社交"标签"网站/组			
博客/维基			

根据你的主题想一个关键词搜索，比如

"回收"AND"城市的"OR"城市"OR"市政的"

　　试着在你的藏书目录、主题领域中的一个电子数据库和谷歌学术这样的互联网搜索引擎中进行关键词搜索。在表格3.1中记录所有有用的"碰撞",并比较每次搜索的结果。

本章小结

　　总体来说,本章包含以下内容:

　　界定了术语"文献搜索";

　　讨论了严谨的文献搜索为何对于研究很重要;

　　讨论了能用上的不同信息来源类型;

　　总结了在评估网站和在线资源时需要考虑的要点;

　　检查了开展搜索时可以用到的不同电子工具;

　　勾画了文献搜索工作的过程;

　　考察了关键词和布尔逻辑;

　　描述了RSS源和电子邮件提醒的目的;

　　概述了网络社交"标签"网站的潜能;

　　提供了一份清单,帮你高效率记录文献搜索过程。

4.

阅读和笔记的策略

本章内容提要

本章概述阅读文献和记笔记的高效方法，重点考察了：

- 阅读文献的理由；
- 高效阅读的技巧；
- 对文本采取批判的、分析的和评价性的研读；
- 做笔记的策略；
- 如何写作有效的总结；
- 观察和记录不同来源文本之间关联的方法。

本章旨在强调批判性阅读，主动进行分析式的阅读，在你的知识储备之间建立关联，评价某个作者的研究和论证的力度和弱点（也见第8章，批判性写作）。

为什么阅读文献是研究过程中如此重要的组成部分？我们已经在第3章指出了文献搜索的一些目的。在其基础上，我们可以说文献的阅读对研究过程的贡献甚多，能帮助你：

找到更多与你的研究领域相关的资料，并确定研究的主题；

建立你自己对该领域的理解；

找出该领域中其他已经做过的研究；

跟进该领域的最新发展；

把你自己的研究置于一个语境中；

确定你可能希望采用的理论视角；

为你的观点和论证找到支撑；

为你自己的研究探索可能使用的研究方法；

享受主题阅读；

探讨该领域的不同视角，并在其中定位自己的研究；

评论你学科的写作传统，从而发展自己的学术写作风格。

首先，你可能获得的文献数量之多、差异之大，通常会令人感不知所措。然而，随着研究主题变得越来越精炼，你逐渐能够辨认出最切题的文本，因此找到需要详细阅读的资料。处理海量阅读的一条重要方法是有意识地采取高效途径和技巧：首先是挑选最相关的阅读资料，接着是阅读这些文本。在阅读文本时如果目的是明确的，就有助于相应采用最适合当下境况的阅读策略。

在研究过程的不同阶段，文献阅读的目的是不同的。开始的阅读是探索性的，我们以一种相当闲散的方式找到与主题相关的更多资料并且探讨各种观点。接下来，当我们形成了更为精确的研究问题时，就必须采取更为聚焦的方式。在这个节点，你应当阅读得更仔细，寻找证据和权威来支撑自己的断言，对比自己研究拟采用的概念的不同定义，选择某个具体研究方法并明确理由。事实上，采用不同的方式阅读，这不仅仅取决于我们在某个具体节点上的目的，还因为我们要经常回访关键的信息来源，因为你会发现，研究过程中具体阶段的焦点决定了文本内容的选择。

高效阅读的技巧

SQ3R

一个常常被推荐的高效阅读技巧是 SQ3R (Survey, Question, Read, Recall, Review——概览、提问、精读、复述、复习, 见工具箱 4.1)。遵循这个步骤, 你就可以主动参与到与文本的互动中, 而不是无思考地被动吸收信息。当然, 这个策略可以灵活运用, 要依据你在特定时间的个人偏好和阅读目的而做相应调节。

工具箱 4.1　SQ3R

1. 概览 (Survey) 文本, 查明要点或整体思想。

2. 提问 (Question), 在概览文本的同时, 如果你确定它很有意义、需要精读, 思索一下你希望它会回答的问题。

3. 精读 (Read) 文本, 如果你认为它切合你的研究。

4. 阅读文本后, 复述 (Recall) 要点。

5. 复习 (Review) 文本, 确保你复述了所有对你及你的工作显得有意义的要点。

除了 SQ3R 框架外, 还有以下技巧你可能用到。

概览：略读和浏览　概览文本的一个核心目的是确定它是否与你想做的研究相关, 是否需要精读。要做到这点, 应略读(快速阅读)某些或所有表达要点的部分：标题、书的内容简介、目录页、索引、期刊论文的摘要、文本的介绍和结论、章节的首尾段落、段落的首尾句子。略读后你应该就可以判断该文献是否要做更全面的阅读。

如果你要在一个文本中寻找一段具体信息，你可以通过浏览的方式找到。这意味着先快速阅读，直到你发现所需的准确细节。例如，要找到你正搜索的主题的具体页码，你就先在书的索引里寻找关键词，或者扫描整个文本，认出表达你所需信息的关键词。当你找到时，你就可以慢慢仔细阅读这个部分。日常生活中快速浏览的一个例子是在号码簿中查找一个电话号码，或是在火车站的屏幕上查找一趟火车的时刻。

提问　如果你确定一个文本对你有意义，就需要慢慢仔细阅读，以便记住和理解其内容。你要准备好精读文本，思考你在该主题上已有的知识。如果合适，就联系你自己的经验把这个主题个人化，提出你希望该文本可以回答的问题，并预测它会告诉你什么。

精读并建立关联　在阅读过程中，建立与其他已读文本以及与你自己的知识之间的关联，能帮助你更有效地理解和记忆新信息。如果你发现一个文本难以理解，那么就去阅读不那么复杂的相关材料，比如教材，以此巩固你的背景知识。这有助于你建立一个框架，在此基础上填充更复杂的新信息。

本节后面建议的笔记技巧在这个阶段就可以发挥作用了，你最好找到一条适合自己的方法。你可能喜欢在文本的页边空白处用荧光笔做注释。不过，从图书馆借阅的图书始终要归还，在空白处写的笔记又太零散，因此你有必要依靠笔记来记下重要的信息。因此，建议你事先通过笔记建立自己的工作体系（见下面探讨笔记技巧和建立不同文本之间关联的技巧部分），这对你的研究会很有帮助。

勾画出文本的组织结构，能促进你对它的理解。我们一般都对文本的组织方式有所预期，这能帮助我们快速发现所需的信息。例如，我们通常预期开篇有导言，概述了文本的内容；在结尾有结论，总结了要点。每个新段落在主题上一般有些许变动，而节与节之间有较大变动。小节标题指明了接下来的内容。在科学研究的文本中,你或许能预期如下的信息顺序:引言、问题、假说、方法和实验、结果、讨论和结论。在做笔记时,绘制文本的结构图表,形象化地揭示信息关联结合的方式,会很有帮助。

如果你发现很难消化文本内容,并且意识到自己需要一再重新阅读来提炼其意思,一个较好的办法是把它切分成更容易掌控的单元。一个"可以掌控的单元"的长度依材料的紧凑情况和语言难度而定。它可以是一段、一节或一章。

复述和复习 在每个可以掌控的单元后,撰写总结来复述和复习你的阅读。这一般会确保你理解和记忆了文本内容。

批判式阅读

除了确定作者力图传达的要点外,还有一件重要的事情,即采用提问和分析的方法来研读资料。要进行批判式和分析式的阅读,就要试着联系你所有的文本资料回答下述问题:

- 作者的核心论证或主要观点,也即作者想要让你这个读者接受的是什么?
- 作者想要得出的结论是什么?
- 作者为了支持其论证和结论提供了什么证据?
- 你认为证据足以支持他的论证和结论吗? 也就是说,证据是否在相关性和有力性上满足要求?
- 作者对那些与读者分享的信念是否做出了任何未明言的假定?
- 这些假定能否被挑战?
- 作为文本写作背景的语境是什么? 文化和历史语境对作者的假定、其内容及其表达方式是否有影响?

提升阅读速度

由于学术研究要求的阅读数量巨大，所以要在不影响理解的基础上，尽量做到快速舒适地阅读。提升整体速度的一个重要方法是采取上面提到的高效策略，为特定时期的目的而进行正确的阅读——在略读的时候确定文本是否具有相关性，而在精度时放慢速度仔细阅读，并做好笔记或注释。如果你想从阅读行为方面提升速度，有下面这些建议：

- 阅读时，声音不要过大。
- 阅读时，手指不要指着文字；相反，手指在文本左边空白处下滑，催促你更快地往下看。
- 在阅读每一行时，一次性把焦点汇聚在字群上而不是一个词语上，因为眼睛的自然移动包含了扫视页面时的系列跳跃，中间停顿时可以领会字群的意思。
- 除非必要，尽量不要返回重读。不过，一定量的回读是阅读过程的常规组成部分，因为我们经常需要回过头去核对我们的理解。
- 试着猜测你不确定的词语的意义。如果它们对于你理解文本很重要，就稍后再查词典。
- 根据信息的重要程度而调整阅读速度，即，在重要说明的地方放慢速度，在支撑性细节和例子的地方加快速度。
- 为了提升整体阅读速度，尽量频繁地进行计时训练，完成阅读理解问题及写作总结，能检查你是否对内容有通透的理解。

记笔记的好处

在阅读文献时要记笔记,记笔记有以下好处:

- 找到和理解文本的主要观点;
- 帮助记忆;
- 在后续的研究和写作过程中可以用上;
- 帮助自己集中注意力;
- 在不同来源之间建立关联;
- 为写作重新安排信息;
- 避免剽窃。

避免剽窃

必须重点说说上面的最后一条,剽窃能以许多不同的方式出现,但这里指的那类剽窃是直接照抄别人的文字,没有或基本没有重新措辞。除非这些文字标注清楚是直接引用,否则即便写出了来源作者,也算剽窃。

尽管有时候直接引用原文是合适的,但过度使用就意味着你躲在被引用作者的观点后面,并且你没有充分理解他们的工作。因此重要的是,你必须有能力概述和总结你从来源资料里引用的观点。

引用规范和惯例,以及剽窃的各种手段,会在第7章予以更详细的讨论。必须避免剽窃,因为不管它以何种方式发生,都被认定是"文献盗窃",也意味着缺乏对他人工作的尊重。剽窃一旦发生,就可能导致论文工作失败,甚至终结你的学术生涯。遵守既定规范,以尊重的方式承认别人的工作。下节给出有效笔记和总结的建议,有助于你在写作时使用自己的词语,避免剽窃。

记笔记的技巧

有效笔记指的是：你记下来的笔记，在日后容易被你自己理解。它们一般由下述要素构成：

- 关键词，比如表达重要观点的名词、动词和形容词；缩写和符号；
- 清楚表明主要和次要观点之间差别的体系（这有助于看清楚作者的观点是如何整合到一起的）；
- 你的所有参考文献的记录。

工具箱 4.2　记笔记——层级体系例子

1		
2	a.	
3	b.	
	c.	
		(i)
		(ii)

工具箱 4.3　记笔记——缩写和符号

e.g. 例如	>	大于
i.e. 即	<	小于
cf. 较之	=	等于
n.b. 注意（重要的）	→	导致

不管使用哪种记笔记体系，至关重要的一点是，你要记下被引文

献的全部细节，以避免在后面重复搜索相关信息。如果你准备使用直接引文，页码就很关键。记录和组织你阅读的文献和信息的高效方法在第5章讨论。

记笔记的三种主要形式

纸质版文本注释 如有你有纸质文献，可使用荧光笔在上面标记重要的观点。在空白处写下关键词，传达重要的信息。你可以使用不同颜色的荧光笔表达不同类型的信息：例如，使用一种颜色表达一个段落的主要观点；另一种颜色表达关键的例子或支撑信息；第三种颜色表达你对文本资料的评论。还可以使用便利贴标记书里的重要页码。

模型图笔记 这类笔记采取了蛛网图或思维导图的形式，一般把中心思想放在页面的中间，在此基础上开枝散叶排布你所读文本的主要论题和次要论题。如果你喜欢做电子笔记，可以使用思维导图软件。这些软件能帮你提出即时问题，比如为批判性阅读提出的问题，并且在创建思维导图的时候解决这些问题。

线性笔记 使用标题和子标题区分一个文本的主要观点和附属信息。例子4.1会对本章的指导给出示范。

写出你自己的评论

不管采取哪种笔记形式，重要的是要有你自己的评论。因此，记笔记最关键的是要清楚区分文本的观点和你自己的评论。如果笔记工具是纸笔，就使用不同颜色的笔；如果是电脑，就使用不同颜色的字体。总之，一定要写下你对所读材料的评论和思考：对文本的看法和质疑；与你的研究或其他你读过的文本之间的关联；被文本所激发的灵感。

写一份总结和一篇简短的批判性评论（可依循"批判式阅读"那节所列问题，将你的回答组织起来），能帮助你回忆文本的内容，使你在开启文献综述写作时更容易定位你需要的相关信息和参考文献。

像 OneNote 这样的电子笔记本是另一种便于记录信息的电子工具。这是微软办公系统中一个灵活的工具，可以存储文本、图片、绘画、音频和视频文件。你可以随自己的意愿在页面上安排它们。使用这种工具做笔记便利多多，可以记下你自己的口头评论和随手草图，以及其他传统模式的笔记。另一个类似的软件是 Evernote，它有免费的电脑版和手机版。

手写笔记 vs 电脑笔记

使用电脑做笔记有一些优势，无论是 EndNote 和 Reference Manager（见第5章）还是思维导图的软件，或者是利用电子笔记本（OneNote；Evernote）、文字处理或数据库软件创建自己的系统。首先，它们具备的搜索功能很方便你在笔记中搜寻关键词和快速定位相关的信息。其次，你可以轻松地复制和粘贴书目信息等内容。最后，你可以快速调整信息，重新分类想法和建立新的关联。

不过使用电脑做笔记同样也存在一些危险。有了复制和粘贴功能，就容易错过重新起草和重新组织词句的阶段，而它们对于你发展思想和避免剽窃非常关键。如果你使用像 EndNote 这样的软件，就需要花时间熟悉它。如果你想在电脑上完成全部的笔记，就需要成天带着笔记本电脑或智能手机，这样才可以随时做笔记。不过，电脑笔记的优势相当突出，所以应当思考如何最有效地使用电脑和相关软件来达成你的目的。

虽然有各种新技术，但是随时记下你临时产生的想法（例如，突然在凌晨三点醒来，或者在公交站候车时想到的），也是不可忽视的。注意：随后就要把这些想法整合到更为系统的笔记记录中。

在文本之间建立关联——使用关键词

匹配你设计的关键字来识别不同文本中的要点，能帮助你在不同信息来源文本的主题之间建立连接。通常情况下，你会注意到文献中的研究发现或者理论和术语的解释和使用方式存在矛盾或差异。在你的来源文本空白处写下关键词，或者作为标题写在笔记中，你就能够迅速找到讨论一个特定主题的文本内容。作为一个批判式的研究者，你的一部分工作就是要注意到不同的参考文献之间的这种关联，并且在写作论文时阐明这些关联。第6章将表明，当你确定文献综述的结构和选择用于支持综述里面各个论证步骤的不同来源文本时，这些关联为何是重要的。

因此，制定一个系统来交叉引用不同文本笔记中的关键词是很重要的，这样你就可以有效地整合你写作中不同来源的想法。这里你同样面临着使用电脑还是纸本的选择。

有些人（Bell, 2010：71；Blaxter et al., 2010：121；Walliman, 2011：66）推荐笔记卡体系。如果使用卡片，我的建议是使用两套卡片，一套卡片用于每个参考文献的编目细节（见第5章），另一套用于从每个参考文献中提炼出的关键观点。对于第二套卡片，你可以在卡片上方写下作者的名字和出版日期，以便确定所做的笔记源自哪个文本。如果你在笔记卡片上记录的每一条信息都明确它的来源，你就可以通过将这些信息归类到关键词来给文本建立联系，这会极大地方便从阅读到写作的转变。当你构思论文的时候，你可以把你所有的卡片都摊开在地板上，然后把你想写内容的组合顺序来回变换。这对敲定你论文中文献综述的结构和组织，是一个有用的方法。

不过，因为电脑软件可以提供快捷高效的关键词搜索功能，你可能会觉得，相比之下笔记卡片体系显得太麻烦太耗时间了。然而，想想看，屏幕的大小是有限的，所以在组织写作思路时，在空间铺展和移动卡片可以为你提供更大的灵活性。或许最初在做泛读和探索观点的时候电脑笔记体系优势突出，但当你为自己的书面综述提出论证（见第6章）时，我还是建议把最相关的要点记录在笔记卡片上。

NVivo软件一般被看作一种校对、编码和分析定性资料的工具，像这样的软件对于建立不同来源文本之间的关联而言，价值无穷。相较于EndNote这类参考文献管理软件来说，它可以提供更精致的分析技术。这个软件能帮助你像分析定性资料那样分析文献，把编码加入到你的笔记中。在NVivo中，你可以运行"queries"来进行跨资料来源的主题搜索，从而在多个参考文献中建立起关键词之间的关联，以及记录被引用的作者在思想之间的相似和不同。你还能够从EndNote这样的参考文献管理工具中调入书目信息和你对文献所做的笔记（见第5章），或者你可以直接在NVivo里面为你阅读的各种资料来源做笔记。

在文本之间建立关联——列表比较法

为了帮助研究生对所读资料来源有个整体印象，导师们通常推荐一项技术：创建表格，记录来自一组文章里的关键信息。这种记录信息的方法使你能够在研究之间进行快速比较，找出相似和差异。尤其当你评述在一个相似主题上的许多经验性/实证性研究（比如调查第二语言学习课堂上学生对第一语言的使用情况）的时候，表格为写作提供了坚实的基石。以此方式提炼一个资料来源的关键信息，促使你精炼文献，把焦点汇聚在用于做跨文献比较和对比的关键信息上。下面显示了表格标题的样本。

表4-1　列表比较文献

文章主题	作者/年份	目标或研究问题	研究定位	样本大小和同一性	资料收集方法	关键发现

然而，在进行列表比较之前，我强烈建议你要么在纸上，要么使用思维导图、电子笔记本、参考文献管理软件或 NVivo，对每个来源文本做更为详细的笔记。随着研究推进，这能确保你在需要时调取更为详细的信息。

如何写作有效的总结

阅读与写作过程是紧密相连的。当你对所读文本进行注解、记笔记和写总结时，这种关联就开始了。在起草和改写学位论文的过程中，这种紧密关系一直持续。

总结是对一个文本的简明概要，包括原始文本的主要观点，而不是全部细节。它不同于改述。改述是把被引用来源资料中的一句话或一组语句换个说法。目的是全盘改述，不需要选择最重要的观点。尽管有时候你可能希望改述，但在从来源文本提取信息、选择整合进写作中的信息时，更常见的是进行总结。

存在不同类型的总结，根据研究工作具体节点的目的而确定。

全局性总结

在对一个文本的全部内容进行总结时，你可以写一篇全局性总结。对研究所用的关键文本进行全局性总结也是个不错的想法，它构成了一个有用的步骤，居于记笔记和挑选来源材料并把它整合到写作中这两个环节之间。全局性总结有助于你确定重要信息。通过写作总结，你对材料变得非常熟悉，如果在研究的后面某个阶段你想回头看看，以及当你写作学位论文的"文献综述"时，就可以回忆起有意义的观点。这是一条有效的方法，确保你理解和记得你所阅读的文本。它还能帮你确定在哪里建立不同来源文本的关联。

期刊论文、学位论文的摘要都是特定类型的全局性总结，旨在为读者介绍接下来的文本内容。

选择性总结

当你为了一个特殊目的而从一小部分文本中提炼相关信息时，你写的就是选择性总结。例如，你可能在寻找依据来支持你的一条论证。在这种情况下，你不需要对整篇来源文本进行总结，你只需要使用和承认对你的论证显得有意义的部分。

技 巧

下面的要点能帮助你撰写总结。

- 通过记笔记、或者加亮和注解来记录文本的主要观点。
- 首先注明资料来源、然后写下该文本的主要观点来生成第一稿的总结。

- 改写第一稿总结,使之以最合逻辑顺序的方式表达主要观点。其顺序不需要跟原始文本的完全一致。检查是否包含了超过总结目的的多余细节。
- 再次查看原始文本,确保你的总结收入了所有你需要的主要观点。
- 记住,总结是报告作者的主要观点。如果你希望提出对该作品的评论,就要注意用一个短语清楚地指出来,比如"不过,其他研究者发现……"或者"但是根据我的看法……"。

下面示例了线性笔记和模型图笔记,以及对文本的全局性总结。

例子4.1 线性笔记、模型图笔记和全局性总结

内容提取的来源

在当今美国社会,许多青少年花大量时间用于网络互动(Subramanyam, Greenfield, Kraut, & Gross, 2002)。互联网上使用的语言展示了交谈的演化(Crystal, 2001),而且青少年处于语言演化的中心(Greenfield & Subramanyam, 2003)。互联网语言有时候被称为网络语(netspeak),它既承接了传统的语言形式,也包含了一些改编过的形式,包括俚语和线下生活中有时使用的非标准形式。网络语是一种突发交谈,完全靠其社群的创造力塑造(Crystal, 2001)。缩写或文字游戏[例如, lol=大笑(laugh out loud), brb=马上回来(be right back)]用于各种词语[例如, cya=再见(see you), latah=稍后(later)]。表达情绪的图形图标称为表情符,例如, :)或☺,表征虚拟语境中的真实个人的图形图标被称为虚拟化身,这都是在线传播者创造的语言例子。这种语言持续演化,在我们考虑互联网用户进行互动和表达自己的方式时,这是一个重要的研究领域。

学者已经在积极探讨在线互动中的身份和语言是如何表现的。目前对计算机媒介交流(CMC)环境如聊天室、新闻组和多用户域(MUDs)的研究解释了个体身份表征、语言使用和互动发生在方式上的有趣趋势(Calvert, 2002; Crystal, 2001; Greenfield & Subramanyam, 2003; Herring, 2000; Turkle, 1995)。不过,随着新的互联网应用的创造和传播,CMC研究必定会持续努力拓展对在线身份、语言和互动的理解。

网络日志或"博客"就是这种情况。博客是个人日记或者打乱时间顺序的评论,由个人编写,并且在网上公开,在技术特征上不同于其他形式的CMC(Herring et al., 2004a; Huffaker, 2004b)。这些特征包括:1)使用容易,因为用户不需要知道HTML或其他网络编程语言就能把意见发表到互联网上;2)归档信息和知识的方法;3)为其他人对每个博客帖子进行评论或反馈提供的机会;4)其他"博主"的链接,形成在线群体。

这些特征对于建构在线身份尤其重要。首先,创建和维持博客不需要专门技术,这就使应用变得更容易,不需要考虑性别和年龄。其次,归档博客帖子的能力创建了一种方法,把支架搭在先前的印象和表达上,因此,创建身份对于青少年来说就是一个持续的过程,而且能用于参考。最后,当博客软件提供了反馈方法或通向其他博主的链接时,就能培养一种同年龄群体关系感,这是青少年发展的另一个非常重要的因素。总而言之,网络日志代表了一种适用于计算机媒介交流的新媒介,有助于我们认识青少年是如何在线展示自己的,尤其是在自我表达和同年龄群体关系(两者都影响了身份的建构)方面。

来源: Huffaker & Calvert, 2005:2-3

线性笔记

这个例子示例了如何用标题和不同层次缩进的小标题表达上述来源文本（Huffaker & Calvert, 2005）的主要及附属观点。

例子→　青少年网络互动

1 网络日志=博客=开放网页上的个人日志

  a）网络交流的较新论坛

  b）青少年之中流行

    （i）容易创建，不要求编程语言知识

    （ii）可能储存帖子

    （iii）能在他人博客上粘贴评论

    （iv）博客之间建立链接

2 在线交流研究，包括分析：

  a）语言

  b）身份

  c）互动

3 网络语言或"网络语"的特征——随使用而演化

  a）缩写的使用

  b）文字游戏

  c）表情符号（图形图标）

  d）虚拟化身（图片图标）

4 博客为研究青少年身份形成提供了论坛，它分析了：

  a）自我展示

  b）与同年龄人的互动

来源：Huffaker & Calvert，2005 的笔记摘抄

模型图笔记

图4.1以更加视觉化的形式表达了来源文本（Huffaker &
Calvert, 2005）的主要论题和附属论题。该文本的主题居于中
心，然后开枝散叶，通向更具体的信息。某些附属观点之间的
关联也建立起来，它们表达了来源文本中建立的附加关联。

例子→

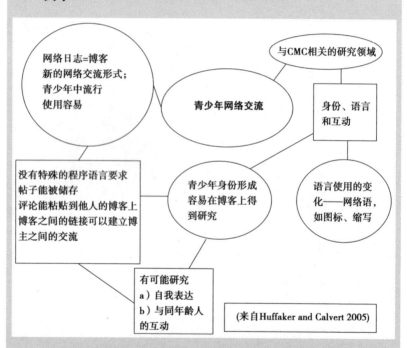

图4.1　模型图笔记的例子（来自 Huffaker & Calvert，2005）

全局性总结

全局性总结是对一个源文本的所有关键信息进行总结，有
助于回忆和确保对文本的理解。下面给出的例子提供了对上
面来源文本（Huffaker & Calvert, 2005）的概览。

例子→ Huffaker & Calvert（2005）声言，网络交流的研究成为近期研究的焦点。他们清楚阐述了这项研究如何收入了对身份建构、语言使用和在线互动类型的考察。某些研究的焦点汇聚在网络语的发展之上，它是一种处于演化中的网络语言，包括图标和缩写。该领域一个相对较新的资料搜集来源是博客或网络日志，这是一种新型的网络交流，尤其流行于青少年之中。博客容易上手，不需要专门的程序语言知识，因此可以成为分析青少年身份形成的合适场所，因为在自己和他人的博客上发帖提供了展现自我和与同年龄人互动的机会。

（Huffaker & Calvert，2005）

任务4.1 在你的领域应用一些基本原则

从你的领域挑选和阅读一篇研究性文章，采用下面建议的途径加以处理。

- 概览文本，评估其意义。浏览标题、摘要、导言、结论和章节标题。

- 如果你确定该文章满足你的需要，就提出一些你希望文本能够回答的问题。如果该文章看似对你没有意义，就寻找其他文章。

- 以更慢的速度仔细阅读文本。如果你读的是自己的纸质版文本，就标记关键观点，在空白处简要记下关键词，用于提醒自己注意内容，另外，用不同颜色的笔简要写下与你所读的其他文本之间的关联，或者写下你对所读文本的意见和评论。

- 你也可能希望做些线性或模型图笔记,写下每个部分的总结语句,提醒自己注意其内容。

- 读完文章后,回头看看你提出的问题,评估该文本在多大程度上回答了这些问题。

- 写出文章的全局性总结,然后回去看看原始文本,确保你涵盖了所有的主要观点。

- 批判性地评价文章,回答下述问题:

a. 作者的主要论证是什么? 引出了什么样的结论?

b. 作者用于支持论证和结论的证据是什么?

c. 你如何看待这些证据? 你能否找到方法论、发现和结论引出方式中的弱点?

d. 作者是否对共享信念做了可能被你这个读者质疑的隐含假定?

本章小结

总体而言,本章包含以下内容:

阅读文献的目的;

我们如何根据特定时间的目的而进行高效阅读;

如何进行互动式的批判性阅读;

提升阅读速度的方法;

做笔记和写总结的技巧;

使用关键词在不同信息来源之间建立关联;

来源文本的列表比较。

5.

参考文献管理：持续记录和组织信息

本章内容提要

本章讨论了下述内容的重要性和操作技巧：

- 文献搜索；
- 记录参考文献细节；
- 熟悉文献特征；
- 为组织笔记和关键来源文本的纸质文件建立一个归档系统；
- 如何避免侵犯版权。

此外，讨论了像 EndNote，ProCite，RefWorks 和 Reference Manager 等参考文献管理软件的价值和功能。

管理过程

为了有效管理文献，我们必须做记录。有三种类型的记录系统特别有用，建议你一一建立：

- 记录你做过的所有关键词搜索；
- 记录所有的文献细节，学位论文结尾的参考文献列表中会用得上；
- 个人图书馆：纸质文件和关键文本笔记的归档系统。

关键词搜索记录

如第3章建议的，记录你做过的所有关键词搜索是非常有价值的。如果你对不同的数据库和目录进行了搜索，试验了各种不同的关键词及其组合，却没有稍作停顿予以记录，就容易丢三落四。如果不保存检索记录，那么在后续研究中，你可能很难回忆起你当时在何处、怎样找到这些检索结果的。因此，你极有可能进行重复检索。因此，记录你试过的所有关键词组合，有助于你更有效地开展工作，避免不必要的重复。

当然，如果你想看看一个领域里是否有新的文献，你可能会进行重复检索，这时，之前保存的检索记录就可以发挥作用了。通过翻看早期的搜索记录，你能够回访以往被你确定为有用的数据库和书目数据库，并使你想起以前取得成功的关键词组合。

为了使你的记录做到周全，它们应该包括下述笔记：

- 你用过的关键词、短语和布尔检索条目。
- 你开展检索的日期。
- 你开展每项检索时用到的搜索引擎、数据库和目录。
- 每项检索的结果。

这些可以在笔记本上手动记录，也可以在word或Excel上记录（见表3-1的清单）。选取符合你的工作风格和技术偏好的格式。尽管有时候做这样的记录并持续更新显得劳神费力，但长期来看确实能帮你节省时间。在后来的某天翻翻记录、看看检索策略的方向和焦点是如何随着研究计划发展而逐渐演化的，也是一件趣事。应用软件和数据库可能提供了记录关键词搜索的功能，因此你最好是严格遵循"帮助"菜单的指导，一一点击全部标签看看能做什么。

除此之外，在笔记或文章的纸质版上，你最好是记录下把你导向这些参考文献的路径，例如，是从一本书中的书目里看到的，还是在图书馆浏览新刊出的期刊时发现，或者是在进行某个关键词检索时，在某个特定数据库里找到的。

记录书目的细节

这里的书目（bibliography）是指出现在学位论文结尾的参考文献列表，收录了在文中提到的书籍、期刊论文、电子参考文献和其他来源文本。列表可能有各种不同的标题，例如书目、参考文献或被引作品。严格说来，"书目"（bibliography）可以指称你在研究过程中参考过的所有来源文本，而标题为"参考文献"（reference）的列表只包含学位论文正文中实际引用的参考文献。一般说来，在研究生层次，你应该表明你是如何使用一个具体的来源文本的，因此你的列表（不管标题是"书目"还是"参考文献"）一般只收入正文引用到的文献。如果你有疑问，咨询你的导师，看看学位论文结尾的标题和参考文献列表中的来源有没有应该遵循的特殊惯例。

记录你认为要收入书目中的每个来源文本的全部书目细节至关重要。在完成终稿前，你可以花数小时搜索一个必须写准确但又容易忘记的期刊名称、论文标题或页码。如果提交论文有截止期，因为缺少书目细节而被耽误就特别令人沮丧。

　　你最好熟悉你所属领域的参考文献格式,这样在阅读的时候就记录下所有必需的细节。大学网站会提供本校对参考文献的具体要求,还有其他能提供进一步建议的网页入口。你也需要咨询一下你所在院系制定的具体指导原则,因为不同学科可能在格式上有不同偏好,并对来源类型有特殊的建议以适合学科的专门要求,比如法学中的法庭判例子,音乐学中的音乐手稿。

　　下面列出了一些常规格式,给出了书目中通常需要列出的字段信息。

　　书籍　作者的姓氏、名字(有的只需要大写首字母),出版年份,斜体书名,出版地和出版商。

　　例子 : Weart, S. R. (2003) *The Discovery of Global Warming.* Cambridge, Mass : Harvard University Press.

　　编纂的文集或读本中的一章　作者的姓氏、名字(有的只需要大写首字母),出版年份,章标题(加单引号),编者的姓氏、名字(有的只需要大写首字母)(ed. 或 eds),斜体书名,出版地和出版商。

　　例子 : Scott, M.(1999) 'Agency and subjectivity in student writing', in C. Jones, J. Turner and B. Street(eds) *Students Writing in the University : Cultural and Epistemological Issues.* Amsterdam/ Philadelphia : John Benjamins Publishing Company.

　　期刊论文　作者的姓氏、名字(有的只需要大写首字母),出版年份,文章标题(加单引号),斜体期刊名,卷/期:页码。

　　例子 : Shield, F., Enderby, P. and Nancarrow, S. (2006) 'Stakeholder views of the training needs of an interprofessional practitioner who works with older people', *Nurse Education Today*, 26/5 : 367-76.

　　学位论文　作者的姓氏、名字(有的只需要大写首字母),提交年份,论文标题(加单引号),学位层次,提交地点。

　　例 子 : O'Hanlon, B. (2005) 'Mobile technology for housing

association repair departments'. UG final year project, University of Leeds.

电子参考文献 电子参考文献种类很多，所以你需要在图书馆网站上了解更详细的原则。有两条普遍的原则需要谨记：第一，你应该记录足够多的信息，方便读者能查到原文；第二，为了预防电子参考文献无法访问，你应该加入你访问该信息的日期。可能的话，应该备齐以下所有信息：作者的姓氏、名字（有的只需要大写首字母），出版年份，文本标题，URL地址和访问日期。

例子：The Higher Education Academy (2006) Curriculum Design http://www.heacademy.ac.uk/795.htm (accessed：2006.7.22)

本书第3章曾提醒过你必须谨慎评价你引用的任何电子参考文献的可信度。如果你无法确定是谁写的文本，那它很可能不是一个可靠的来源，不能在学术语境中使用。

书目条目的具体标点符号使用方法各有不同，但黄金法则恒久不变。一种确定准确引文格式的方式是参考你所处领域里的一本重要期刊，按照里面的格式来引用。所有期刊都有作者指南，对引文格式提出了详细的要求。我建议你手头放一本指南，随时可以查看，便于你熟悉需要记录信息和拟采用的格式。

在参考信息源、记录书目细节时，你可以使用 Word，或者 EndNote 或 Reference Manager 这样的文献管理软件，或者使用笔记卡片（见第4章）手动记录。本书稍后会介绍 EndNote 的基本功能，展示该软件在记录不同类型的文献的细节时，有什么作用。

如果学位论文中含有直接引用，你还必须记录引文在书中或文章中的页码。如果你没有来源文本的纸质版页码，那么一定要确保你引文的精确性。书目中可以不出现页码，但在文本中使用引用时必须注明页码。正文引用的惯例会在第7章中讨论。

如果你参考的是相同作者在同一个年份出版的两部不同作品，正文中第一个出现的时候应该在年份后加上"a"，如（Hyland，

2010a），第二个出现的加上"b"，如（Hyland，2010b）。书目中的条目应该对应于正文中的参考，并且在作者的名字后加上2010a和2010b区分每个条目，格式如下：

Hyland，K. (2010a) 'Constructing proximity：relating to readers in popular and professional science', *Journal of English for Academic Purposes*，9/2：116-27.

Hyland，K. (2010b) 'Community and individuality：Performing identity in Applied Linguistics', *Written Communication*，27/2：159-88.

学生们经常对二次引用提出问题，即你并没有看被引作者的作品，但你看了一个引用过他的资料。在这种情况下，正文引用必须清楚说明引文是二次引用，比如（Bhatia 1993，引自 Hyland 2010）。Hyland这篇2010年的文章要包含在参考文献列表中，而Bhatia这篇1993年的文献就不需要列出。

书目中条目顺序可以变化。例如，有些科学和工程领域可能要求书目按照数字排序，参考文献的数字表明该文献在正文中被首次引用时出现的顺序。不过，大部分学科使用哈佛格式，即要求按字母顺序排列书目，参考文献根据作者姓氏的首字母来排序。EndNote软件则可以根据使用者选定的格式创建参考文献列表。

打造自己的图书馆

第三种类型的记录体系对你的研究显得至关重要，它是一种分类体系，用于编码和归档你搜集的纸质版文本并确定它们与你的研究的相关度。下载或复印重要的文章和书籍中的关键章节是很有用的，因为这样你就能查阅原始资料。如果无法做到，就要确保你做了完备的笔记并且将之归档。没有归档系统，追溯参考文献会变得极其困难。而且随着桌子上的复印文章堆得越来越高，你想要再次参考文章时，找到文本就会越来越难。

要创建编码体系，就要把研究主题拆分为小单元，并在档案盒或文件夹中相应地归档文献。在文件夹的封面写下分类名称，并写上里面的文章/章节的作者名字和文章/章节的标题。你可以标号文件夹，如果有某个参考文献与两个类别相关，就使用交叉参考体系。尽管这很麻烦，但有用。有些研究者甚至喜欢把关键文章复印多份，这样就能把它们归入到更多类别的文档中(但是我们需要看看下面关于版权的小节)。

如果你既对文章做了笔记，也有纸质版，你可能喜欢为它们分别建立独立的归档体系。不过我发现，用一个单一的归档体系归类笔记和原始文本更为直接，因此如果对文本做的是线性或模型图笔记，或写了总结，就把它们跟文章的复印件装订并归档到一起。或者，如果使用 EndNote 或别的软件，你可以在电脑上记笔记和写总结，并将之收录到每个参考文献的条目中。不过，你需要谨慎地区分自己原创的与网上下载的笔记和总结。如果你自己的笔记是电子版的，我强烈推荐使用不同颜色的字体。你可以通过关键词搜索或者打开笔记针对的具体参考文献来快速找到你的笔记。EndNote 这个特殊的功能会在后面的部分讨论。

关于版权的问题

当你为研究使用资料时，重要的是要有版权意识，并且避免侵权行为。在开展研究寻找参考文献时，不管是你希望下载或影印的互联网资料，还是文章以及书籍中的章节，都涉及版权问题。如果你想在课程论文或学位论文中广泛使用复印的地图、图解、表格或类似的东西，版权问题也同样重要，尤其是如果它们来自一个来源。

《1988年版权、外观设计与专利法》在英国提供了版权立法的基础，现在它也吸收了许多欧洲其他国家的版权法令的内容。这个立法保护了以物理形式出现的知识产权，比如出版物、文学作品、计算机程序、数据库、网页、艺术品、雕刻、音乐剧本、歌词、录音录像、电影和广播。该法律赋予作品的创作者或版权所有人允许或阻止复印、复制（或操作）作品的权利，以及被承认为作者或设计者的权利。一旦作品以纸质版或其他物理形式的方式出现，这种受保护的权利就自动生效，即作品并不需要注册登记。这一点和专利发明或商标不一样。

然而，基于"公平交易"的范畴，这种保护有个例外。针对非商业目的、教育理由和个人用途，只要承认作品及其创作者，可以允许对出版物做简短摘录（一本书中的一章或一期期刊中的一篇文章）的单份复制，以之作为研究的组成部分。如果是一本电子书，你能够下载指定范围的页码。比如说，当你为研究创建自己的文献资料库时，版权立法允许你在一定限度内对出版物的摘录进行单份复制。此外，任何出版过的作品（照片除外）都可以出于评论、批判和报告时事的目的而被复制。除了电影、唱片和广播之外，使用这些材料也必须被注明。

对于那些视觉损伤或者有听力缺陷的人群，上面的规则存在例子外。剧本或唱片可以做调整以让该材料的所有用户都能获取。

要对来源资料进行更大范围的拷贝，需要从版权所有人那里获得允许。例如，在你的学位论文中，你可能希望从一个特殊的来源那里复制一些地图或图表。版权所有人可能是创作作品的人，也可能是书籍或期刊的发行人。在某些情况下，所有人可能是创作者的老板，比如作品创作是雇佣契约的一部分（即，职务作品）。要使用这类材料，可能需要付给版权所有人一定的费用，而且在复制过程中必须承认作品及其创作者。

大学及其他教育机构可能会购买许可权，可以从版权许可代理机构这样的组织获得某些作品。有了许可，你就能在一定时期大量复制特定的资源了。不过，资料的数量以及可以复制的数量也有严格的规定。许可一般最多包括一部作品5%的篇幅、每个期刊的一篇文章、每本书的一章、会议论文集的一篇论文以及司法程序类出版物中的一个案例。被复印的份数不能超过一门课程或一个导师的学生数量。大学可能也有许可权对书籍章节和期刊论文进行数码拷贝供学生使用，复印唱片和新闻文章或摘要。具体一所大学的图书馆的作品使用究竟有哪些权限，可以咨询图书管理员。

如果你关心与自己研究相关的版权，还可以去咨询一下版权许可代理公司和知识产权部门。

使用参考文献书目软件

管理参考文献要考虑用电脑软件。Microsoft Word中"引用"的各项功能可以进行基本的参考文献管理，如果你只是开展一个小规模的研究，该软件就可以满足你的需求。它能帮你储存正在使用的参考文献的书目细节，在写作时可以插入引文，并且根据你喜欢的格式自动创建一个书目。不过，你还应该考虑功能更复杂的软件。

我在本书中提了好几次EndNote，介绍了它的部分功能以及它能在什么时候派上用场。如果你决定使用参考文献管理软件，我强烈建议你早点花时间探索它的功能，熟悉它的用法。如果你准备在EndNote中存储你全部的参考文献，那么你应该在研究开始阶段，也就是首次确定来源文本的时候就要做这件事了。如果你一直等着，直到研究的第二年才着手，这时，你要把所有的记录都转移到EndNote的库文件中，就会麻烦得多。

书目软件可以帮助你：

- 使用合适的和灵活的模板记录每一项参考文献；
- 把你的参考文献存储和组织到文件中；
- 使用拖放功能在库文件之间来回移动参考文献；
- 为每个参考文献输入你自己的笔记和总结；
- 在你每个库文件的参考文献中开展关键词搜索；搜索可以具体到在不同字段进行，如根据作者、年份或关键词；
- 从电子目录、数据库和期刊中下载参考文献及其书目细节；
- 包括通向每个参考文献记录的文献的全文链接；
- 在远程目录和数据库中开展搜索；
- 在word中写作论文时"边写边引用"；
- 按照你需要的格式创建书目；
- 与其他研究者分享你的库文件。

你可以使用不同的软件。其中应用比较广泛的有四个：EndNote，Reference Manage，ProCite，RefWorks。你的大学很可能提供了其中的一个，可以让你免费或者只花很少的钱使用。浏览一下你的图书馆网页，或者咨询学校的图书馆或者网络中心，看看哪个软件可用，以及你该如何获取。如果学校没有，你也可以访问上述软件的官网，了解其购买及下载方式。这些书目软件会定期更新，并提供移动端应用，你可以通过手机随时进入你的书目数据库。

正如前面的一章中提到的，参考文献管理软件可以与有效的信息处理和资料分析工具NVivo一道使用。书目资料可以从参考文献管理软件输出到NVivo，方便你使用NVivo这个分析工具来建立和组织你的文献综述。增添书目资料到NVivo中正在分析的研究项目也很方便。但在写作论文时，参考文献应当被导入到参考文献管理软件中，这样你就可以使用"编写和引用"以及书目格式化的功能，而这些工具在 NVivo 中是没有的。

EndNote：主要功能介绍

下面以 EndNote 为例子，介绍参考文献管理软件的使用，并同时介绍 EndNote 的基本功能和优势。该软件的用户指南超过 600 页，你很可能希望有所选择地浏览。这里我将介绍该软件包的主要功能，并提供一些使用窍门。当然，要得到更详细的帮助，你还是得阅读用户指南。我建议你选择满足你目的的功能，而不是使用该软件提供的全部功能。该软件的最新版本可能有所变化，新增了一些特点，但基本功能是一样的。不管你决定使用什么样的软件，你总能找到"帮助文件"，它有助你了解该如何启用软件，并在遇到问题时提供解决办法。

存储参考文献细节的库文件 你可以用 EndNote 创建名为"Reference libraries"的数据库文档用于储存个人参考文献。在 EndNote 的打开窗口选择"Create a new EndNote Library"创建新的库文件（见图 5-1）。通过建立不同名称的库文件，你可以把你的阅读按主题分类。如果这个界面在打开 EndNote 时没有出现，找到 File 菜单，选择 New 或 Open 就创建一个新库文件或者打开一个现存的库文件。

在库文件中，你可以存储每个参考文献所需要的所有书目信息。对于每种不同的参考文献类型（例如，期刊论文、书籍、政府文件），EndNote 提供了一套字段，适合于这些具体的参考文献类型。例如，对于期刊论文，你可以填写下述字段：作者、出版年份、文章标题、期刊名称、卷、期和页码。软件里还有许多其他字段，有的能帮助你收录进一篇文章的摘要，有的包含了通向文章本身的链接，有的方便你添加进自己的笔记（见图 5-2）。

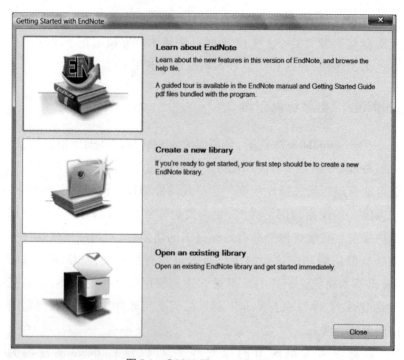

图 5-1　©2012 Thomson Reuters

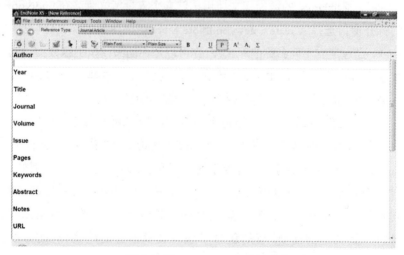

图 5-2　©2012 Thomson Reuters

EndNote 能帮助你编辑每种参考文献类型的字段：

- 从 Edit 菜单选择 Preferences。
- 在 EndNote 偏好框左边出现的列表上选择 Reference Types。
- 从 box 右边的下拉列表选择你想改动的 Reference Type，比如 Newspaper Article。
- 点击 Modify Reference Type.
- 在新框右栏(见图5-3)中，你可以删除、重命名或增添字段。
- 你可以选择改动所有参考文献类型的字段：点击 Apply to All Ref Types。
- 点击 OK 保存改动。

图5-3　©2012 Thomson Reuters

关键词搜索　你可以通过关键词搜索在 EndNote 中快速高效地定位参考文献。操作步骤如下：

- 打开一个参考文献库文件；
- 如果搜索栏没有出现在屏幕下半区，点击右下角的 show Tab Pane；
- 选择关键词或短语，并填写在你希望搜索的字段中，如"Title"字段；
- 你可以使用布尔搜索符 And，Or 和 Not 使搜索更具体或范围更大。

例如，图 5-4 中搜索的文献不限字段，只要包含词语 higher education、assessment 或 testing。

输入参考文献——手动输入 把参考文献输入这类软件，要么手动，要么从其他电子书目数据库导入。把一个新的参考文献手动输入到一个参考文献库文件的操作步骤如下：

- 在 Reference 菜单选择 New Reference，或者点击工具条上的新参考文献图标；
- 从下拉菜单中选择 Reference Type，比如期刊论文或书籍；
- 根据提示的字段输入信息。

EndNote 提供了适合参考文献类型的字段，见图 5-2。

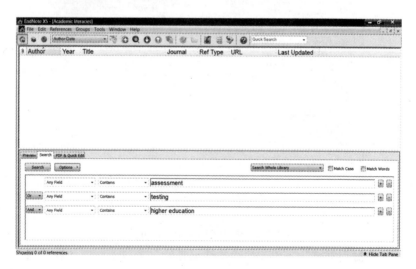

图5-4　©2012 Thomson Reuters

　　你可以在每一个条目中增加你自己的笔记和关键词来识别一个来源文本。我强烈建议使用不同颜色的字体标记你自己的新增内容，方便以后清楚区分自己的评论和来源文本作者的写作内容。当你从电子期刊或数据库中导入电子参考文献时，而作者的摘要和关键词通常是自动插入到相应的字段，这种混淆非常容易出现。

　　可以在任何时候编辑参考文献条目，点击参考文献库文件中的参考文献并把光标移动到你想改动的字段就可以。

　　从数据库下载参考文献 在访问数据库、在线目录或电子期刊时，你可以将选择的文献输出至 EndNote 中，并不是所有的数据库都有这个功能，但越来越多的数据库在提供此项服务。在导入的过程中，EndNote 过滤器扮演了重要角色，挑选正确的过滤器筛选你访问的数据库或目录，能帮助你以适合每个参考文献类型的 EndNote 字段的方式存储资料。困难在于，每个数据库似乎都有自己用于下载参考文献到 EndNote 的方式。如果你遇到了问题，看看帮助文件或者到图书管理员那里寻求帮助。

例子5.1

　　例子→ 本例子表明，要从一个电子期刊库把参考文献导出到 EndNote 有哪些必要的步骤。由于信息管理越来越依赖于计算机，这种处理方式也变得越来越普遍。现在你几乎能下载你所需要的全部书目细节、摘要和全文链接。导出的程序一般包括：在期刊目录页标题的侧栏打钩标记有关文章，然后选择 Export 按钮（见图5-5）。

会写才会读：完成文献综述的10个要点

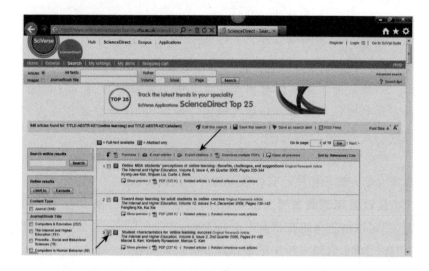

图 5-5

如果安装有 EndNote，页面会提示你打开 EndNote，你选择好想要导入的库文件后，文献信息会自动导入 EndNote。（见图5-6）。

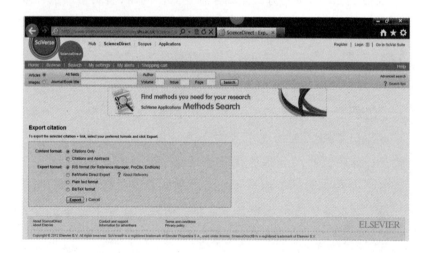

图 5-6

图 5-7 是 EndNote 库文件中参考文献的显示示例。

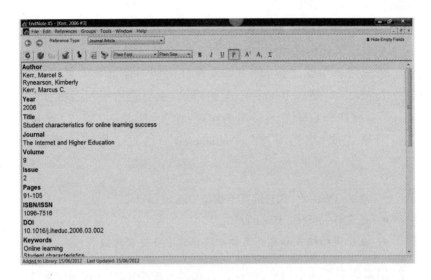

图5-7　©2012 Thomson Reuters

在远程书目和数据库中开展搜索 你也可以从 EndNote 连上大量在线目录并开展关键词搜索，下载参考文献到你的 EndNote 库文件中。一旦连上具体的在线目录，比如大英图书馆，你就能像在 EndNote 中一样开展关键词搜索。你可以把参考文献的书目细节下载到你自己的 EndNote 库文件中。不过，你无法具体指定你想下载的文章，你仍旧必须访问源文本，例如通过馆际互借服务获取纸质文本，或在网上获取电子版本。

在通过 EndNote 对远程数据库开展搜索时，你必须清楚这种做法的一些局限，也就是其功能或许不如直接访问数据库时的多。例如，在通过 EndNote 搜索时，你无法获取远程数据库的高级搜索功能或是访问它的在线帮助，你看不到全文链接。因此，你很可能会发现，更好的方式是直接访问数据库、在线目录或电子期刊，然后把参考文献导入到 EndNote 中。

在写作和创建自己的书目时从 EndNote 中引用 你可以在写 Word 文档时从你的 EndNote 库文件中进行引用。你可能需要对

Word进行配置来配合使用 EndNote。你安装好 EndNote 后 Word 的功能面板上便会出现EndNote 工具栏。

在使用该功能之前，你应该根据你的使用偏好设置好书目格式。EndNote 有超过 1000 种不同的格式，主要是用期刊名称标记。EndNote 同样也有常见的通用的格式，比如"作者－日期"（'author-date'）格式或"引用顺序"（'numbered'）格式。格式设置步骤如下：

- 在 EndNote 中，从 Edit 菜单选择'Output' styles；
- 选定 Open Style Manager；
- 从出现的格式和期刊名称中选择你准备使用的格式。

如果你想要的期刊格式没有，就选择一种类似的格式加以修改。比如你遵循的是哈佛参考文献注释规范体系，就用特殊的标点法和字体喜好来修改通用的 author-date 格式，这是获取所想格式的有效途径——修改一种格式。

- 从 Edit 菜单，选择'Output' styles；
- 选定 Open Style Manager；
- 点击 Style info/preview，在下方看看每个格式的例子；
- 改动设置，把 Style info 改为 Style preview；
- 在格式间滚动，选择你希望编辑的格式，例如 author-date，在其左侧打钩点亮；
- 点击 Edit；
- Style Window 打开后，从 Edit 菜单选择 save as；
- **为新格式重新定一个名称**，这就意味着原来的格式没有变化，将来需要的时候依然可以套用；
- 在 Style Window 左栏，选择你希望改变的引用或书目项目；例如，如果你希望把书目中书籍标题的编写方式从下划线变成斜体，点击 Bibliography 下的 template。

- 从File菜单中选择save，被修改的格式就可以使用了。

这个程序可以很精细，要使引文和书目满足你的需求，需要花点时间，一旦做到位，长远来看可以帮你节省大量时间。格式设置好了，在打开EndNote和Word时，你就能使用它们了。

在用Word进行论文写作之前，最好是打开EndNote，选择你准备使用的库文件和格式：

- 在Word工具栏里面选择EndNote；
- 从出现的下拉菜单中选择参考文献格式；
- 在Format Bibliography对话栏（就在Format document旁边）里点击书目菜单，选择你希望格式化的Word文档；
- 在With output style旁边选择你想要的书目格式。选择它并点击OK。

在你写作时，如果需要插入引用，可以按如下步骤操作：

- 从Word的Tools菜单选择EndNote；
- 选择Find Citation；
- 在Find栏你可以输入一个关键词、作者姓氏或年份；
- 点击Search，参考文献库中符合搜索的条目列表就会出现；
- 滚动并选择你需要的那条；
- 点击Insert，参考文献就插入到文本中了。
- 注意，EndNote会在文档末尾根据你制定的格式自动创建一个书目。

创建一个独立的书目 你也需要创建一个独立的书目，它不与任何特定的论文关联。在你希望为自己的论文建立书目的时候，一般就有这种需要。事实上，相较于上面"边写边引用"的过程，这种创建书目的方式更加有用更加直接。创建独立书目的方法有好几种，EndNote用户指南里都有描述。下面提供其中一个以作示例。

- 在菜单中点击 Output Styles。
- 选择 Open Style Manager。
- 选择你想要的格式。
- 在它旁边的方框中打钩,点击右角叉叉关闭 Style Manager 窗口。
- 如果你出于个人用途已经修改了一个格式,则选择它。
- 从你想创建书目的地方打开库文件。你可能会发现创建一个特定的参考文献库文件很有用,它构成了你的学位论文书目的基础。
- 按住 Shift 键,选择你希望输出到书目的所有参考文献。
- 从 EndNote 的 File 菜单,选择 Export。
- 如果你希望创建一个可编辑的 Word 文档,从 Save File as Type 列表选择 RTF。
- 输入文件名,选择你希望存放参考文献的文件夹。
- 点击 Save。

任务5.1   为你自己正在进行的研究做好记录

根据本章提出的问题,考虑你自己用于记录研究过程的被参考文献的系统。使用下面的清单反思你目前的研究工作,并考虑下一步该怎么做。

文献记录清单

☐ 我保持记录我所有的关键词搜索。

☐ 我已经找到了我会在研究过程中一直参考的数据库、期刊和作者。

☐ 我已经采用了一个系统,用于记录所有我要参考的文献的书目细节。

☐ 对于我所处领域中的书目格式惯例,不管是正文引用还是书目,我都有清楚的认识,也有例子可以参照。

□ 我已经开始把我的阅读分类成了主题领域。

□ 我已经提出一个归档系统，用于存储我对来源文本的笔记和纸质文件。

□ 我已经探索了我的大学提供的参考文献软件（比如 RefWorks，Reference Manager，ProCite 或 EndNote）的用途。

使用参考文献管理软件做以下工作

□ 把参考文献存储到库文件中

□ 记录我对参考文献所做的笔记

□ 导入参考文献

□ 创建我的书目

□ 其他＿＿＿＿＿＿＿＿＿＿＿

本章小结

本章指导你如何管理用于研究的参考文献和资料。具体来说，强调了保持记录和建立归档系统对于下述事情的重要性：

关键词搜索；

你的全部参考文献的书目细节；

你使用的来源文本的笔记和纸质文件。

本章同时概览了版权法的重要性和参考文献软件的潜在用途，也对如何使用 EndNote 的下述功能提供了指导：

参考文献库文件的创建；

把参考文献的书目细节和笔记手动输入到 EndNote 库文件中；

在 EndNote 库文件中进行关键词搜索；

从数据库、在线目录和电子期刊中下载参考文献；

在远程数据库中搜索和下载参考文献；

用 Word 写作论文时从 EndNote 库文件引用参考文献；

修改引用和书目格式以满足个人要求；

从一个 EndNote 库文件创建一个独立的书目。

鸣谢

EndNote X5　2012 Thomson Reuters.

6.

如何在综述中组织文献

本章内容提要

　　文献综述创建过程中很多步骤是循环往复的。

　　阅读和写作过程之间关系紧密。

　　组织文献综述的方法。

　　引言和文献综述之间的互补关系。

　　学位论文的一些例子,表明不同的研究者如何组织他们对文献的使用。

创建文献综述的过程和步骤

　　搜索文献、阅读源文献和撰写综述,这几种行为是相互关联和循环往复的过程。一种行为的结尾和另一行为的开端之间不存在

会写才会读：完成文献综述的10个要点

清楚的分界点。事实上，尽管在整个研究计划的前面几周和数月内，文献综述都是研究工作的重中之重，但是，很多步骤和过程都与综述息息相关，在研究工作的整个过程中相互交织。Wellington et al.（2005）强调了持续反复查看研究问题或研究焦点的意义，这样做能帮助你更精确地根据研究主题确定和调节你的阅读对象和阅读数量。图6.1说明了这些持续的、循环的和互动的过程，它们都为文献综述添砖加瓦。文献搜索、阅读和写作之间相互持续补充；所有其他的行为，如提出研究问题和形成论证，在影响文献搜索和阅读的同时，也被后者影响，为写作提供了灵感。而你的写作反过来又会帮助你发现和澄清自己的思想，并精炼研究焦点和综述内容。

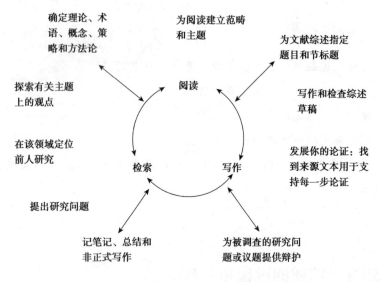

图6.1　文献综述与研究工作的交互过程

尽早就文献开始写作

你最好尽早开始就文献进行写作,而不要等有了最终的计划或提纲才开始。事实上,在弄清楚综述的整体组织结构之前就开始针对文献进行写作,对你理解文献很有帮助,能使你找到和澄清使用它的方法(见第4章的做笔记和总结那些小节)。针对在更为正式的结构化写作之前所进行的非正式写作,Murray(2011:110)提出了多种指导技巧。她推荐定期写作以提出问题,比如"我对我的研究主题有何了解?""我希望该文献……""文献中的思想流派是什么?""我领域中的'热点'是……"。

这种定期写作有助于你安排你已经获得的知识,确定你需要做什么样的深入阅读,澄清你的研究与其他人的研究之间的联系,以及发展你自己对文献的理解和阐释。你的这些非正式写作,可能就会构成将会出现在学位论文中的实际文献综述的草稿基础。

文献综述的结构

随着阅读、笔记、总结和非正式写作的推进,你应该尝试把各种线索汇聚在一起,安排标题和子标题为综述提供框架。你用于组织阅读材料的概念范畴经常能为综述框架提供基础。人们在设计文献综述的提纲阶段会有自己的偏好,有些研究者喜欢在研究过程的很早阶段就做这件事,其他人则喜欢以更随意的方式花费更长时间探讨文献。但是,不管你决定在什么时候起草大纲,在一份份的草稿之间,几乎肯定是要发生改变的。

由于每项研究都是不同的,我们很难建议一种共同的组织结构,但有些建议可以提出来帮助你考虑一下可能性。重要的是要记住,在综述中,你应该提出符合逻辑的论证,要顺理成章地导出自己的研究,为你的工作和拟采用的研究方法提供辩护。

如果文献综述不是以单章出现,引用也是相当平均地分布在整篇论文中,你仍旧有必要让读者清楚地知道你是如何、在哪些地方解答了阅读时出现的各种问题。如果以这种连续的方式整合文献,我们建议你在学位论文的引言中概述你的研究途径,并在论文的不同章节拟上适当的标题和子标题,说明对应的文献综述的情况。

对于更常规的、更普遍的单章式文献综述写作实践,不管篇幅是一章还是更多不同章节,我们强烈建议你要纳入:

- 引言,介绍你如何组织综述的;
- 标题和子标题,提供一个图谱,表明论证的各个组成部分;
- 一份总结,以精炼的方式重述关键论证。

如果综述很长,比如像博士论文的那样,上述内容可以分散到整个一章;它们解释了你论证的是什么,解释了这与后文是如何关联起来的。例子6.1提供了小节与小节之间"过渡句"的例子。研究者提到了她讨论的内容,并在她准备处理的相关文献之间建立了关联。下划线部分表达的是指示性语言,告知读者文本是如何组织的。

例子6.1

例子→　我们已经把舒适的可理解性界定为学习者发音目标之一,下一个要回答的问题是,我们如何能够帮助学习者实现这一点。教学工作相信教学确实能提供帮助;然而,一种直觉信念并不足以成为规划教学课程的理由。下一节我

<u>们会简要看看</u>对第二语言教学一般效果的研究，<u>然后转向具体的发音教学领域。</u>

来源：Moore，2001:5

尽管我们不可能为文献综述规定统一的结构,但许多研究型作者遵循着一些组织文献综述的原则。你可以根据综述的每个具体部分,组合使用下面提到的不同方法。

Weissberg & Buker(1990:45-6)提议了三种组织引文的方法：

- 从远到近
  离你的作品最远的——离你的作品最近的
- 按时间顺序
  最早的相关作品——最近的相关作品
- 比较和对比相关理论和研究的不同途径或具体特征或特点
  一条途径——一条替代性途径——另一条途径

就"从远到近"这条途径而言,Rudestam & Newton(2007)谈到了远景、中景和特写,它们用于描述你在参考来源文本时可能涉入的不同深度,这要根据文本与你的研究的紧密度和相关性而定。远景描述的是为研究提供背景语境的参考文献。这些文献一般相当普遍,承认在某个主题上做了研究,但没有深入到细节。作为中景的参考文献与当前的研究更为紧密,尽管没有从细节上进行评论,但也有足够的信息表明它们是如何影响到被提出的研究。作为特写的参考文献与你在论文里进行的研究高度相关,你对引用作品的评述应该包含了对它的批判性考察。例如,该被引用研究存在局限,它为你的研究问题提供了基础,因此你需要详细批判该研究,以表明你的工作与它有何关系。

对于不确定哪一条途径是建构文献综述的最佳方法的研究生,我经常建议他们把文献综述当成两个不同的但相互关联的部分：一个部分呈现你研究所在领域的当前知识状况（包括相关理论和概念的不同视角），另一部分评述和批判有关的经验/实证研究，并表明它们如何提供了研究契机、如何引出你自己的工作。例如，如果你要研究儿童如何学会阅读，在综述的第一个部分，你要评述和批判在儿童的文化素养提升和学习方面现有的、不同的、在解释力方面互相竞争的理论，第二部分讨论对该主题进行过调查的经验性/实证性研究，聚焦于不同的研究方法和发现。你接着应该能够表明自己的研究与前人的研究工作有什么样的联系，并如何在它们的基础上进行了拓展。

用图表视觉化地呈现你的综述结构，可能很有用。Wellington et al. （2005:82）用一些图演示了使用相关文献时的可能组织方式（图6-2）。

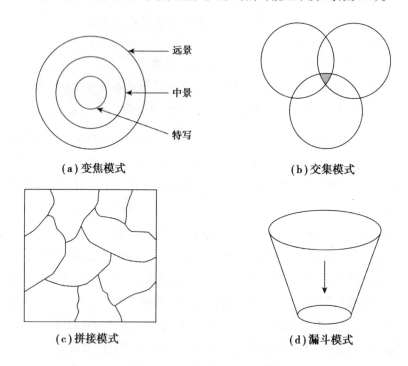

（a）变焦模式   **（b）交集模式**

（c）拼接模式   **（d）漏斗模式**

图6-2　文献综述组织的不同模式

来源：Wellington et al. , 2005:82

在这些文献组织理念的基础上,你可能发现最好是设计自己的结构图,表征你是如何建构综述的。你可以为整个综述画一幅拼接图,根据综述的不同部分在每块拼板上粘贴标记,你可能还需要为每个小节设计另外的图表。例如,对于综述中的一个主题,你可以选择采用从普遍到特殊的模式,从远景移到特写,在此情况下,漏斗模式或者变焦模式会比较适合。

例子6.2

下面的例子来自国际商务管理领域的一篇理学硕士(MSc)学位论文,它揭示了前述 Weissberg & Buker(1990)的第三条组织文献的途径。该研究由一份案例研究组成,它调查了一个公司在进军海外市场时的国际化和拓展过程。文献综述探讨了该过程背后的理论,把它分为四个阶段:预进入(2.2-2.4),进入(2.5),发展和复位(2.6)。从学位论文的目录页,我们可以看到下述结构:

例子→　目录

2.0 文献综述

2.1 文献提纲

2.2 国际化背后的动机

2.3 选择正确的市场

2.4 决定何时进军潜在市场

2.5 进入模式

　2.5.1 建立全资子公司

　2.5.2 作为一种进入模式的合资企业（JV）

　2.5.3 作为一种进入模式的加盟

2.5.4 高控制 vs 低控制

2.6 市场扩张

　2.6.1 增长战略——公司层战略

2.7 研究贡献

来源：Ovcina，2010:7

在这个例子的文献综述章,研究者按照时间顺序探讨了一个公司进军新的国际市场的阶段:从预进入到增长和复位。在每个阶段,他比较、对照和批判了不同学者的理论和模型。这份综述可以作为美国零售企业进军拉美市场的案例研究分析的理论基础和框架。

例子 6.2 中,Ovcina 对一个过程进行了理论上的概览,接着这些综述的内容被用作研究一个案例的基础。正如上面解释的,通常情况下,你应该在综述里面用一节或几个小节报告你所处领域中相关的经验研究。你应该对发现进行比较和对照,突出前人研究的缺陷,找到你自己的研究和写作切入点(见第 2 章例子 2.13;例子 6.6 中的第 2.2.1 节;例子 6.7 中的第 1.3 节;第 8 章例子 8.2a)。第 4 章以表格形式呈现的相关经验/实证研究可以作为综述的这个部分的起点。因此,你有必要考虑一下,综述的不同目的如何在不同的小节中得到实现,每个小节中的信息和论证是如何以不同的方式呈现的。

建构你的文献综述结构

除了考虑文献综述的结构或组织模式,还有另外一件重要的事情需要考虑:能帮助你实现这一点的过程。Swales & Feak(2000:118-24)提出了一种实用的阅读和写作任务,该任务既表明了"创建一个结构"对于文献综述的重要性,也提供了创建该结构的方法。该过程的基本原则是:把论证组合起来,用来源文本支持你的断言或观点。通过发展自己的论证,表明你正在使用文献实现自己的目的,而不是被你所阅读的、在写作中引用到的作品的作者所牵制。

这个过程包含了设计论证步骤的大纲,而论证步骤就构成了你的综述的结构基础。对于每一步论证,都要归拢资料来源支撑你所做的断言。如果你在管理参考文献的EndNote或归档系统中为每个参考文献编号了,就可以在规划阶段把相应的序号添加到每个论证步骤旁边。你也可能希望写下具体参考文献的页码,其中包含了用于支撑论证的相关信息。表6-1示例了这种计划的框架。

表6-1 创建文献综述的结构

论证的步骤、用途	相关的参考文献和引用页码

根据你设计的论证步骤,你就能创建标题和子标题,它们就组成了你的文献综述的框架。使用6.1那样的表格时,我们建议你先为整个综述建立整体结构,然后为每个小节建立更具体的结构。有些研究者乐于在写作之前提出这类计划,而另一些研究者则喜欢先写作,然后逐步从其写作中提炼出一个框架。

第4章描述的笔记卡系统,能用于归拢不同作者的看法以支撑你希望提出的具体观点。你可以根据论证步骤,把记录在笔记卡上的来源文本重要的信息片段来回移动,使两者达到最佳匹配。你的笔记卡片位置安排好了以后,接下来就是记录在表6.1那样的"结构表格"中,一个完成的例子,见表6-2。

例子6.3

本例子表明,研究者是如何在文献综述的一个小节中规划和发展其论证的,该例子来自一篇心理学博士论文,我们在第1章的例子1.6中引用过。在第1章我们摘录了这篇论文的目录页,看到了第1章是如何引入文献综述的,在整篇论文的各个不同地方又是如何回访综述的——它们均出现在相关的研究之前。表格6.2设计的论证规划用在了文献综述关于目标实现那一节,该节出现在该篇论文第3章的开头,位于两项调查个人目标对目标实现的影响的研究之前。文献综述讨论了目标理论的丰富多样性,后者影响到了这篇论文进行的经验研究的焦点。

例子→ 表6-2 文献综述架构的一个例子

节标题:目标实现模型

论证步骤	有关参考文献
在目标理论比较方面,有限的几篇前人研究	Bagozzi and Kimmel, 1995;Fredricks and Dossett, 1983; Valois et al., 1988; Cacioppo and Berntson, 1995;Weinstein, 1993
引入"Rubicon模型":行动阶段(分类目标理论的一种手段);预决策;预行动;行动	Heckhausen, 1987; Heckhausen and Gollwitzer, 1986, 1987
预决策行动阶段:计划行为理论;	Ajzen, 1985, 1991; Sheeran, 2002; Bandura, 1977

续表

目标设定模型	Locke and Latham, 1990; Carver and Scheier, 1981; Hyland, 1988; Baumeister, Heatherton and Tice, 1994;Emmons and King, 1988;Hook and Higgins, 1988
行动阶段:自我调节的力度	Bagozzi, 1992; Abelson, 1988; Latham and Locke,1991; Gollwitzer,1990
情绪	Ryan,1985; Tauer and Harackiewicz,1999
社会影响;绩效反馈	Povey et al.,2000;Rutter et al.,1993;Deci and Ryan,1985;Tauer and Harackiewicz,1999

来源:改自 Webb, 2003:50-51

从这一小节的文献综述的结构模式来说,它包含了对不同研究途径的比较。这就是图6-2中拼接模式的一个很好的应用,每个拼块代表了一个不同的目标理论。

任务6.1　安排你自己的文献综述

结合你的整篇文献综述或者其中的一两个小节,尝试以下行动:

1. 画一幅图,表征你自己的文献综述的结构模式。

2. 填写一个表6.1那样的表格,规划出你准备在综述中采纳的论证步骤。为每个论证步骤给出支撑性的参考文献和具体页码。一般而言,在阅读过程中你会逐渐增添参考文献。

引言和文献综述的关系

　　把文献整合到学位论文的过程中，还需要特别注意一个重要的因素：引言中引用的参考文献和文献综述中引用的参考文献之间的关系。在某些学科里，如医学，论文的引言往往是很长的一章，包括了文献综述。不过，在许多学科里，引言一般是独立的，位于文献综述之前。如果你不确定哪条途径最佳，可以咨询导师，看看你学科里的学位论文，弄清楚你所在学科的惯例。

　　我们在本书第2章提到了文献综述有多重目的，其中有些目的可能在引言中得到部分或者彻底实现。我们在此重申这些目的，以提醒我们在研究写作中参考他人作品的各种理由。

- 为你的研究提供历史背景。
- 通过参考相关领域里的当前争论、题材和问题，概览定位你的研究的当前语境。
- 讨论用于支撑你研究的有关理论和概念。
- 引入相关的术语并提供定义，清楚阐述在你自己的工作语境中该如何使用术语。
- 描述所在领域里的相关研究，表明你的工作是如何推进或挑战了它，或如何填补了该领域里的空白。
- 为研究旨在解决的实践问题或题材提供支持性证据，从而凸显你的研究的意义。

　　如果你的论文采用的是通常的结构——在论文的最终版本中，文献综述位于引言之后，由一章或更多章节组成，那么引言和文献综述这两个部分都会出现源文献和相关研究的参考引用。正如上面提到的，有时候我们难以决定把哪些参考文献放在引言中，哪些放在文献综述中。研究者要学会自行决定在学位论文如何组织这两部分内容。不过,各章一般实现哪些目的,存在着一些普遍的原则。下面提供一些建议,帮你决定如何把你想收录到这些起始章节的内容区分开来。

相较于文献综述而言,引言通常比较简短。我们可以提供一个大致的指导意见:引言大概占整篇学位论文10%的篇幅,而文献综述占20%的篇幅(Barnes,1995,转引自 Blaxter et al.,2010)。

引言一般提供:

- 研究的简短历史/当代语境;
- 简要提到该领域已经完成了的研究;
- 略述需要探讨的研究难题,该难题应该是前人研究留下的空白或者是需要解决的一个议题;
- 对被提议研究的辩护;
- 概述学位论文各章的内容。

而在文献综述章中,以上所列目的中的有一些会实现得更完整。例如,你可能对你的研究所处的历史和当代语境做更详细的阐述。你也可能确定和讨论那些与你的研究主题相关的关键理论、概念和术语,并且根据你的研究类型和层次予以充分深入的探讨。此外,你很可能更详细地探讨该领域相关的经验/实证研究,而且再次突出你的工作是如何拓展了他人的研究,或者是如何填补了空白。下面收录的例子(6.4—6.7)展示了不同的研究者是如何谋篇布局文献综述的组织结构的。它们显示出,对文献的阅读类别是怎样引导论证步骤和文献综述的小节标题的。这些摘录还展示了每个研究者如何在引言中概述文献综述的结构,告诉读者自己是如何提出论证的。

例子6.4　阅读、规划和介绍综述的结构

Coveney在她关于城市和区域规划的硕士学位论文中,研究了城市背景下规划决策受影响的范围。她的兴趣点在于普世性的价值在规划决策,尤其是与保护和再生议题有关的决策中扮演的角色。她的研究焦点是,该过程中不同的利益相关方是如何被不同的价值制约的。她用了两个案例分析了这个问题。为了方便阅读,她将其分为几个部分,并拟定下述标题。

例子→

1　"价值"在规划研究中扮演的角色

2　规划决策中的利益相关方

3　与规划有关的普世价值

4　位置在规划决策中的特殊性

5　参与式规划

6　城市背景中的保护

7　城市背景中的再生

这样安排所形成的文献综述的框架或"架构"就是,文献综述章位于学位论文中的引言之后,出现在第2章。目录页中出现的标题如下。

例子→

2.0　文献综述:导言

2.1　价值的重要性

2.2　公众兴趣和利益相关方的关系

2.3　普遍和特殊

2.4　保存和再生在历史名城中的价值

2.5 保护/再生运动的意蕴:案例研究

来源: 改自 Coveney, 2003:i

这篇论文在文献综述章的导言段概述了作者是如何准备讨论支撑其研究的文献的,这部分里我们再次看到了关联。

例子→ 正如引言中陈述的,本研究牵涉到规划中的"价值",使用了历史名城中保护和再生之间的关系作为示例。本章介绍了规划的"价值研究途径",首先考察了价值问题为何如此重要。接着更深入地考察了对该研究途径而言显得非常关键的三个概念:1)公众兴趣和利益相关方的关系,2)普遍与特殊之间的关系,以及3)它们对于参与式规划的意蕴。本章的最后一个部分考察了保护和再生实践与支撑它们的价值之间的关系,还对该案例研究的选择做了说明。

来源: 改自 Coveney, 2003:5

例子6.5

Feng在她关于可持续发展教育的博士论文中,在两处概述了文献综述的组织结构:引言第1.4节"论题概要";介绍文献综述的第2.1节(见例子1.4中第1章完整论题的目录)。下面是其文献综述章开头的一段(第2.1节)。

例子→ 该综述的主体由五节构成。为了做好准备,我批判性地回顾了SD这个概念(第2.2节)以及可持续教育史(第2.3

节）。我接着讨论了四种关键课程视角——技术的、社会批判的、自由进步的和后现代的视角，以及它们与可持续教育的相关性（第2.4节）。在四种视角中，我的焦点是后面三个，它们是研究的理论框架。最后，我介绍了英国和中国的可持续教育、他们各自对可持续教育的反应、他们的差异和相似之处（第2.5节），以及跨国跨文化学习牵涉到的一些议题（第2.6节）。

来源：Feng, 2010:14-15

为了更具体地聚焦于文献综述章的一个部分，我们现在应该转向这篇论文的第2.2节。这一部分探讨和批判了可持续发展的概念，为了给后面的讨论做好铺垫，Feng把她的阅读组织成以下结构。这些主题后来引导了她对小节子标题的选择。

例子→

可持续发展：起源和当前的议题（2.2）

"可持续的"解释（2.2.1）

"发展"的解释（2.2.1）

可持续发展和资本主义（2.2.2）

代际公平：发展中国家和气候变化（2.2.3）

人类中心论和生态中心论（2.2.4）

可持续发展概念的整体复杂性和不确定性（2.2.5）

支持可持续发展具有潜力的正面性激励例子（2.2.6和2.2.7）

下面的子标题表明Feng是如何在论文中组织自己的批判观

点的。2.2.1节到2.2.5节对可持续发展概念提出了许多挑战,接着在2.2.6和2.2.7节她论证了具体的国际会议、文献和事件如何为克服其中一些问题,从而支持可持续发展提供了希望。

例子→

2.2 可持续发展概念（SD）

2.2.1　矛盾说法?

2.2.2　常规商务

2.2.3　代际公平

2.2.4　人类中心论vs生态中心论

2.2.5　复杂性和不确定性

2.2.6　前路

2.2.7　正在改变

来源:Feng，2010:i

例子6.6和6.7揭示了不同研究者在引言和文献综述中使用相关文献的不同做法。学位论文的每个部分究竟要做什么,并没有死板的规定。读者应当从这两个例子学习,研究者如何组织内容来实现文献使用要达成的具体研究目的。例子6.6来自一位博士的研究,调查的是英国卫生访视员的信息管理。

例子6.6

例子→

标题

卫生访视员信息管理：以其公共卫生和社群发展活动为例子

研究问题

联系医疗服务语境和当前的信息管理概念和过程,我们应该如何理解卫生访视员在公共卫生和社区发展背景下处理信息的方式?

从发展建议和指导的角度进行的这种理解对于实践有何意义?

阅读范畴

研究者从她的文献阅读中提出了下述范畴:

信息管理

历史

概念

过程

前人研究

用户研究

信息需求

信息搜寻行为

信息审计(评估需求的方法论)

NHS 中的信息管理

策略

难题

成就

需求和资源

公共卫生

卫生访视

社区发展工作

政府在公共卫生领域的政策和立法

在以上范畴的基础上，引出了博士论文开头三章（都有文献综述的内容）的结构。

目录

134

会写才会读：完成文献综述的10个要点

2.3.4 资源

2.4 总结

3 公共卫生和社区发展（pp.40-59）

3.1 引言

3.2 公共卫生

3.2.1 公共卫生的历史和卫生访视的发展

3.2.2 卫生访视员的角色

3.3 社区发展

3.4 政府政策和立法

3.5 总结

来源：Bacigalupo，2000：i

就参考文献满足的目的而言，这3章中的文献综述部分涵盖的内容如下。

第1章引言概述了国家卫生服务、信息管理和政府政策的当前语境；陈述了研究问题和研究焦点；为研究提供了辩护；界定了信息管理。引言结尾概述了论文每章的内容。

第2章概述了信息管理和NHS领域信息管理的历史语境；介绍了该领域的相关概念和术语；表明了当前的研究如何填补了现存研究的空白。

第3章更详细地描述了公共卫生领域的历史语境和当前语境。

第2章的结论摘录在下面。请注意其中的措辞，示例了研究者如何在论文的各章表达和总结被参考的文献起到的作用。

例子→　第2章总结

本章宽泛地讨论了信息管理的概念,以及NHS信息管理的最近发展;突出了对卫生访视员如何处理信息进行信息管理研究的必要性。下一章则回顾与公共卫生和卫生访视员的社区发展活动有关的文献,目的是表明该领域目前尤其需要研究。

来源:Bacigalupo,2000:39

例子6.7

本例子的研究是一篇研究计划(类似于开题报告),是为硕士学位论文做准备,考察了教学对EFL(英语作为第二语言)学习者的发音在两个方面的影响:发音具体特点的生成和一般的可理解性。例子中的摘录改编自Moore(2001),前面的章节中提到过这篇论文。

例子→

标题

正式教育对EFL发音习得的影响:来自德国的一项案例研究

假说

H0 一节发音教学课程无法让学习者学会具体的发音特点

H1 一节发音教学课程能让学习者学会具体的发音特点

H0 一节发音教学课程无法提升学习者一般的可理解性

H1 一节发音教学课程能提升学习者一般的可理解性

阅读范畴

发音特点和"可理解性"

第二语言学习和习得

第二语言教学

发音教学

影响有效发音的其他因素

学位论文前三章的架构，从阅读时就可以开始建立，下面摘录的目录展示了作者正是如此做的。

目录

引言

　　为研究提供辩护

　　语境：英语教学机构和学习者

　　学位论文大纲

1　文献综述

1.1　历史背景

1.2　目标发音和可理解性

1.3　教学效果研究

　　1.3.1　第二语言研究

　　1.3.2　发音研究

1.4　具体发音特点

　　1.4.1　单词的强读式和弱读式

　　1.4.2　缩写和元音省略

　　1.4.3　同化

　　1.4.4　连音

> 1.4.5　重音
>
> 1.4.6　声调
>
> 1.5　总结
>
> 2　实验
>
> 2.1　实验目标和根据：假说
>
> 来源：Moore，2001:iii

就参考文献满足的目的而言,这3章中的文献综述部分涵盖的内容如下。

引言介绍了发音这个主题,为研究做出了辩护,勾画了研究的当前语境,为学位论文的各章内容提供了纲要。

文献综述(第1章)提供了历史语境,描述了相关的研究,表明当前的研究如何填补空白、如何拓展以前的工作;为研究领域界定了相关的术语。第2章的开篇列出了假说。

下面的内容是引言的最后一段,它表明了研究者把文献整合进学位论文的方法。

例子→　第1章在简要勾勒了本研究的根据之后,综述了关注教学整体上对第二语言学习尤其是对发音的影响的文献。其他涉及学习过程的因素会也纳入考察,因为第二语言习得是高度复杂的过程。考察了该领域的研究,我的研究的大致框架就出来了,第2章做了讨论。总的来说,第1章勾画了本研究考虑的具体发音特征。第2章会描述一项实验,它用于研究发音教学的效果,这一章还对实验结果进行了数据分析和讨论。最后一章讨论了本研究的限制,以及它对于进一步研究的意义。

来源：Moore，2001:2

任务6.2　思考你自己的研究领域

咨询你的导师，让他推荐你所在领域里的一篇学位论文。

仔细看看它的目录页，确定这篇论文的文献综述是单独一章还是由几章构成。

阅读引言和文献综述的章节，确定研究者使用相关文献的目的。

尤其要注意在引言和/或文献综述章里面实现不同目的采用的方法。

本章小结

总体而言，本章包含以下内容：

文献综述所涉及的不同过程的循环、持续和互相关联的性质；

针对特定领域的相关文献进行写作的启动技巧；

针对文献综述不同部分可以采用的各种不同结构；

引言和文献综述之间的关系；

一些来自学位论文的例子，示范了不同的研究者如何组织和使用文献。

7.

正文中引用的写作

本章内容提要

正文中引用他人的理由。

剽窃及其发生的各种方式。

哪些类型的内容需要注明引用的信息。

不同的引用–参考文献体系及其格式。

完整和不完整的引用以及使用各种格式的理由。

总结、改述、概括和直接引用。

间接引语动词的类别和时态区别。

引用方式上的学科差别。

在学术写作中，在论文的两个地方提及他人的工作是重要的：一是在正文中，二是在末尾的参考书目或参考文献列表中（见第5章）。正文中引用其他文献，即明确地提及了信息来源，注明了出处，被称为"正文中的引用"（后文简称"正文引用"），本章重点说明正文引用出现的各种方式。

在论文或论著的正文中，当陈述的内容被标定为属于另一个来源时，就是引用，或是对其他作者的参考(Hyland，2004)。这一重要的学术惯例体现了研究型写作的互动本性——参考/引用本领域里其他作者的成果，就是你在通过写作进入与他人的书面对话，从而开始参与到研究共同体中。

我们为何要引用他人

研究型写作为何要引用他人？尽管不同学者关于引用的主要理由还存在观点分歧，而且引用确实因研究水平和学科的不同而不同，不过我们还是可以总结其主要的目的。你在正文中的引用表明你：

- 承认和尊重了对该领域有贡献的其他研究者；
- 你归属于特定的研究共同体；
- 通过在具体领域定位你的工作建立自己的学术信誉；
- 为你的断言和论证提供辩护和支持；
- 表明你是如何建立自己的论证的；
- 通过呈现你是如何拓展或挑战前人的研究，来为你自己的研究创造契机；
- 比较、对比和评估该领域中其他人所做的工作；
- 通过证明你已经做过广泛的阅读、能够选择出相关的信息，来将你自己的研究放置于具体的研究背景中，并以此表明自己对该主题的理解；
- 使读者能够轻松追溯你的来源文本——如果他们想找到更多信息；
- 有助于别人检验你的工作的精确性；
- 避免剽窃。

理解以上理由，同时为了更好地达成目的，最便捷的做法是采纳你所在大学和院系通行的参考惯例。这些惯例还能帮助你确认你需要提供参考和引用的地方。

什么是剽窃

在谈到记笔记时，我们已经提到了剽窃（见第4章）。我们强调，对一个来源文本做有效的笔记，能激励你在写作过程中转述或总结信息时使用你自己的词语。这很重要，因为剽窃的一个非常普遍的形式就是使用与原文本相同或相似的词语——这种情形下，只要不是合乎规定的直接引用，即便你承认参考了来源作者，也算是剽窃。

本章将拓展讨论，考察其他形式的剽窃并提供一些例子。如果你用谷歌搜索"剽窃的定义"，会发现不同的机构和词典给出了对该术语的很多定义。下面这条释义得到了广泛的认可：

> **剽窃**是不加承认地故意或无意地使用他人的观点、词语或作品；当个体，不管是否知道，把某种东西当作自己的提出来，而事实上它来自别人的作品，而且来源没有得到恰当的交代时，就是剽窃。

下面的描述更具体地勾勒了剽窃发生的主要方式。不管是有意的还是无意的剽窃，对其发生方式的认识都至关重要。下面描述的所有情况都构成了剽窃，即便作者并没有故意不诚实，只是不知道这些行为属于剽窃。

- 大规模复制其他人的作品并宣称是自己原创。例如，你从互联网上下载了一篇学位论文，然后把其中的一部分或者全部进行复制并当作自己的作品提交上去。这是最露骨的、最不诚实的剽窃形式。
- 改述他人的原创观点且不注明来源——即使是用你自己的话改

述他人，也必须交代来源材料，常识除外。学生有时候担心，他们自己写的或创造的东西，不知道别人已经说过了。这种情况没有简单的答案，但是如果你做了广泛的文献搜索，就应该能够确定在该领域谁做的工作与你的接近，并以此做相应的交代。

- 使用在你所处领域被当作常识的内容，但语句是从某一本教材里逐字复制的。如果某种观点已经被当作常识，那么陈述它的时候确实不需要注明出处，但是原原本本地照抄课本，则仍旧算是剽窃。

- 对陈述的内容注明了出处，看起来像间接引用，但使用的语句与来源完全一致或者非常相似。注意，直接引文中你是可以使用作者原话的，但对直接引用，你必须有选择性地进行。正如第 4 章提到的，过度倚赖直接引用会掩盖作者自己对被讨论领域的理解和解释。

- 自我剽窃。学生不应该为两个不同的考核提交完全相同的作品。新的作品按照规范参考先前的作品是允许的。在一些情况下，后续的工作，通过重构、扩展或缩减的方式重新利用以前的作品，也可能是合适的，但必须改变用词。例如，你可能被要求按照一个模式撰写一份研究计划书，它包含一篇文献综述和一份研究方法论的说明。毫无疑问，有些部分会在后面的研究论文中被拓展，并以略微不同的方式表达。如果学位论文的内容与开题报告的重合是合理的，就算不上是自我剽窃。

- 把互联网上的东西复制粘贴到你自己的作品中。从网页上进行的任何拷贝和粘贴，不管内容多少，如果没有做正确的交代，都构成剽窃。如果它是常识，那么你应该用自己的词句加以改述。使用互联网材料的规则跟纸质版材料的是一样的，而且应该遵循同样的惯例进行交代。

下述两个情况则属于灰色地带，学生在学习学术写作和引用 - 参考规范的时候常有发生，不过一般是可以接受的。

- 拼凑（Hull & Rose 1989；Howard 1995）：作者从关于某个题材的许多不同来源摘录句子，并把它们"拼凑"到一起。虽然不同的语句都按照自己学科的规范标注了引用，但每个语句的措辞都与原始材料非常相似。尽管把不同来源的材料进行整合是件好事,但必须以自己的语言进行改述和并注明是引用。

- 过度倚赖直接引用:当作者从不同来源直接引用很多资料时,就会出现这种情况。虽然只要引文是合适的,也正确地加上了引号和页码,但是如果直接引用的数量过多,就没有足够的证据表明作者有自己的言论或解释了。文中必须包含更多的改述和总结,并且要做准确的出处标注,以及写出作者自己的承接语句。

所有这些定义背后传达的重要信息是,你使用的观点来源必须根据你的机构和学科的具体的引用-参考规范或惯例予以标注。如果谨慎地遵循引用-参考规则,就不大可能发生剽窃。不过,遵循规则并付诸实践有时候很难。下面的指南概述了目前主流的引用的不同格式和风格,以及适合于它们的功能和情景。本章后面还提供了一些实际论文中的例子,有的可以接受,有的不能接受。我还将介绍查重软件Turnitin,它能帮助你找出你的写作中有多少内容与他人的词句重合。但首先我们考虑的是哪些内容必须注明出处,以及在正文中标注出处的各种格式。

另外还有一件事情很重要:熟记版权法,如果在你的学位论文中大量使用一个具体来源中的插图、地图或图表,就需要获取版权所有者的允许(见第5章)。

什么类型的信息要求注明出处

需要谨记的一般规则是:被视为常识的,且归属公共领域的信息,不需要标注出处。一般来说,这样的信息通常被你的领域当作真理/事实,而被普遍接受。

相对的,可以被挑战和讨论的一个观点或意见、研究发现或理论的来源就应该标注引用和参考。其范畴包括统计数字、公式和图解。在一些学科，尤其是其知识呈累积式发展的学科中，过去曾经要求注明引用的信息，现在可能已成为常识。例如，尽管人们曾经对"地球是圆的"有过争议，但现在这已经是被普遍接受的事实，就不需要标注参考了。不过，在有些学科，如哲学，知识被反复争论、重新诠释、重新讨论，离"常识"较远。事实上，有研究表明，人文学科和社会科学中的引用数量远远多于理科和工科的（Hyland，2004）。

例子7.1中关于哥伦布的两条陈述解释了常识和有争议的知识之间的差别。第一条陈述，没有标注引用，因为哥伦布在1492年穿越大西洋是被广泛接受的事实。不过，第二条陈述需要注明出处，因为哥伦布的遗体所在地仍旧处于争论之中。

例子7.1

例子→

克里斯多夫·哥伦布在1492年穿越了大西洋。

根据最近对500年前遗骨的DNA检测，有人声称克里斯多夫·哥伦布埋葬在西班牙塞尔维亚的大教堂，而非多米尼加共和国。（Associated Press，2006）。

有时候，某个信息是不是常识，可能存在看法上的差别。事实上，在有争议的观点和被普遍接受的事实之间，并不总是存在清楚的界限。如果你不确定某条信息是否应当注明出处，那就最好是提供，以杜绝剽窃的可能。

引用—参考的格式

存在三种主要的引用－参考格式。表7-1显示了学位论文结尾的书目或参考列表的不同格式及对应安排。你的学科通常存在一个被普遍接受的格式，因此你最好遵守相关指南。或者看看你所处领域中的一本重要期刊，遵照它对投稿论文的要求即可。

正如表7-1中所示，引用－参考格式可能根据学科惯例而变化。如果遵循哈佛格式，出处信息包括被引用作者的姓氏和被引用作品的出版年份。如果是直接引文，还应该包含页码。在某些理科和工科的领域，数字顺序的引用－参考格式也很常见。文本中的每一处引文或参考，在出现时采用括号加数字的上标方式表示，该数字与被引文献在末尾参考文献列表中的数字一致。因为在使用该格式的领域中，更惯常的做法是凸显研究和发现，而非开展工作的研究者。使用数字顺序格式并不排斥文本主体部分的语句提及源作者的名称，只不过作者名称的使用并不常见，或者说并不频繁。

不管你采用哪种引用－参考格式，在写作中有许多不同的方式呈现他人的作品。下面的表做了总体的概括。

表7-1　正文参考系统和书目

正文参考格式	"参考文献"或"参考书目"中的条目顺序
1.哈佛格式：被引用作品的作者姓氏（或者有时候是名字和姓氏）和出版年份（这是大量学科最常用的格式）。	a. 根据作者姓氏的首字母排列末尾的参考文献。
2.数字顺序格式：文本中被引用的信息后面用括号+数字以上标形式标记（该格式在理科和工科的学科更常见）。	b. 根据每个参考文献出现在学位论文的主体文本中的顺序排列末尾的参考文献。

续表

正文参考格式	"参考文献"或"参考书目"中的条目顺序
3.脚注或尾注：文本中被参考信息后面加数字上标，完整的文献信息出现在该页的脚注中，或者在本章结尾的尾注中（该系统在英国文学这样的学科中更常见）。	c.根据作者姓氏的首字母排列末尾的参考文献

完整引用和不完整引用

首先要了解，何谓完整引用，何谓不完整引用。以及各学科在这个方面的不同偏好。

完整引用

这里所谓的完整引用，是指被引用作者的名字在语句中具有语法功能。完整引用的出现形式各种各样。首先，被引用的作者可以成为一句话的主语，后接对该引用作者的作品的改述、总结或直接引文（见例子7.2）。

例子7.2

例子→ 除了其他学者外，Donna Haraway(1991,1997)也论证到，知识是涉及具体个人的、情景化的，科学文本的内容由其出产地塑造。

来源：Meyer,2006:8

第二,被引用作者可以包含在语句开头的状语短语中(见例子7.3)。

例子7.3

例子→　根据 Barone et al.(1997)的看法,对自我控制的个体差别获得更好的理解,是目前社会认知心理学议程的组成部分。

来源:Woodgate，2005:4

第三,被引用作者可以在被动句中作为动词的介宾,位于介词"由/被"后面,如例子7.4。

例子7.4

例子→　可以用来支撑该假说的一项横向研究是由 Gyurcsik & Brawley(2001)开展的。

来源：Woodgate，2005:34

如果你希望强调被引用观点的所有者身份,完整引用通常更为合适。对间接引语动词如"论证说""认为"和"发现"的选择,有可能暗示了你自己对被引用作者和被引用信息的态度或信奉的力度。你也可以明确指出你自己对被选用信息的看法(见下面的"间接引语动词的选择"和第9章)。例如,使用报道性动词如"论证说",可能表明你仅仅是引用某人的观点,而你或者其他人可能并不赞同。在人

文学科和社会科学这样的领域，知识更易发生变化，有更多争议，论文中一般会更为频繁地使用间接引语动词。

例子7.5表明了作者Lee是如何使用完整引用的——展示了术语"语言维持"的定义上三位不同作者（或作者团体）的看法。她明确强调了三种来源和备用定义，接着具体解释了自己的研究是如何使用该术语的。

例子7.5

例子→　根据 Milroy & Milroy（1997:52），语言维持（LM）可以指示"一个过程，有意识地维持——如果因为政府干预而必须——语言多样性的人群中某特定形式的语言……"，或者它可以指在很小的社群中非制度化的实践，用于确保该社群语言的生存。Thieberger（1992:334）把语言维持看成（i）或者描述语言经历的变迁状态（即，一门语言实际上得到多大程度的维持），或者（ii）为实现语言维持而进行的活动。对于 Fase et al.（1992）而言，语言维持指的是继续使用语言以维持使用者对该语言的精通度。对于本研究的目的而言，我们可以认为语言维持是……

来源：Lee，2003:52-3

不完整引用

在不完整引用里，被引用作者的名字出现在文本语句外的括号中，在句子中没有语法功能。如果使用数字顺序格式，数字出现在被参考信息后面的括号中。例子7.6、7.7和7.8表明了不完整引用的各种方式。例子7.6是一个单一的不完整引用。

例子7.6　单一的不完整引用

例子→　影响委任的因素可以分为四大类型:个人特征、与角色相关的特征、结构特征和工作经历(Mowday et al., 1982)。

来源: Culverson, 2002:27

第二种类型的不完整引用是某个信息所属来源不止一个——一种概括。

例子7.7　概括:组合归属

例子→　组织委任时与角色相关的特征也从工作范围或挑战、角色冲突以及角色定位模糊的角度被讨论了(Mowday et al.,1982;Allen& Meyer,1990)。

来源: Culverson, 2002:32

例子7.8示例了一些发现和观点归属于不同作者的一系列不完整引用。

例子7.8　归属于不同作者

例子→　（组织变化的）其他显著效应包括职业满意度和信任的下降（Bateman & Strasser, 1984）、动力的减退（Mowday, Porter & Steers, 1982；Bennett & Durkin, 2000）、旷工（Mowday et al., 1982；Clegg, 1983）、健康状况（Begley & Czajka, 1993）、同盟问题和工作不稳定（Worral et al., 2000）。

来源：Curlverson，2002：16-17

使用不完整引用是为了强调观点、理论或发现，而不是强调表达它们的那个人。不完整引用的三个例子都显示了凸显来源信息而非作者。这种方式有助于论文的作者塑造一种掌控了被引用内容的印象（见第9章）。作者是在使用来源材料来建构和支撑自己的论证，有意识地采用这种方式，能降低了被引用作者主导文本的风险。不过有时候，不完整引用的使用可能造成困惑——读者可能不清楚前述文本究竟有多少内容归属于被引用作者。在例子7.8中，我们可以看到如何把每个观点谨慎地归属给具体作者，从而避免这种困惑。

完整和不完整引用的学科差异

在完整和不完整引用的用法上，存在学科差异。Ken Hyland (2004)的研究提供了一些有用的统计数据揭示了这一点。他考察了来自八门不同学科的80篇出版期刊论文中的引用行为。每篇论文均来自各领域中排名前十的期刊。不同学科的期刊论文中完整引用和不完整引用所占比例见表7-2。这些统计数据暗示,在除哲学外的所有学科中,不完整引用更常见。总的说来,在理科和工科中,不完整引用的百分比高于社会科学和人文学科。当然,我们需要注意到,本研究建基于期刊论文,而非学位论文。不过,这些发现还是在一定程度上揭示了引用类型上的学科差异。

表7-2 不同学科中完整和不完整的参考

学 科	非完整引用(%)	完整引用(%)
生物学	90.2	9.8
电子工程学	84.3	15.7
物理学	83.1	16.9
机械工程学	71.3	28.7
市场营销	70.3	29.7
应用语言学	65.6	34.4
社会学	64.6	35.4
哲学	35.4	64.6

来源:Hyland, 2004:24。Ken Hyland 授权使用,出自 *Disciplinary Discourses: Social Interactions in Academic Writing*,The University of Michigan Press ©2004。

四种主要的引用模式

除了完整引用和不完整引用之间的区别外,我们还需要强调另外一种角度区分的四种不同模式的引用——**总结、概括、短直接引文**

和长直接引文,它们以完整引用或不完整引用的形式出现在文本中。这四种主要类型的例子见例子7.9—例子7.12。

在例子7.9中,作者用自己的话**总结**了 Wegner & Wheatley 的信息,用的是完整引用。前面的例子7.2—例子7.6也是总结。

例子7.9　总结

例子→　有几个研究项目挑战了一个假定——意向是行为的重要起因。例如Wegner & Wheatley(1999)提出,对意向引发行为的主观经验是一种错觉。

来源:Webb, 2003:18

在例子7.10中,作者用自己的话**概括**了不同研究小组在一个研究领域里提供的信息。例子摘选了两段。第一个概括的例子很有趣,因为对 Bargh 及同行的引用似乎既是完整的又是不完整的。前面的例子7.7也是概括。

例子7.10　概括

例子→

Wegner & Wheatley 指向了一项由 Bargh 及同行开展的颇有影响的研究项目(例子 Bargh & Chartrand, 1999; Bargh, Chen & Burrows, 1996; Bargh & Ferguson, 2000; Barghet al., 2001),该项目提出,行为由心理过程决定,环境特征使心理过程转化为行动,且该过程超出了意识和指导的影响。总而言之,几种健康状况和社会行为模型断定了意向导致行为,与此相反,最近对自动行为和意识假象的研究揭示,意向并没有或很少有这种作为起因的作用。

来源: Webb,2003:18

单元化假说(Healy & Drenowski,1983;Healy,Oliver & McNamara,1987)论证说,把单词作为一个单元进行的快速感知影响了对其组成的感知。

来源:Webb,2003:119

完整引用较少用于多项研究的联合,这是因为概括的目的通常是强调被引用信息,而不是被引用的作者。同时,把一连串的作者名字摆在语句外面的括号中,读者更容易接受,因为把一连串作者名放在文本的语句之中,一般会分散读者的注意力。

在例子7.11中,作者引用了来源文本的原话,并加上了引号。由于引文很短,所以穿插在文本中。下面例子的引用的第一个部分事实上是对来源文本的改述或信息总结,直接引文只包含原文的几个词语。页码也标注了,因为这是直接引文。

例子7.11　短直接引文

例子→　Wegner & Wheatley(1999)提出,对意向导致行为的主观经验是一种错觉;不管是意向还是行为都是由第三个变量"无意识的心灵机制"(p.490)引起。

来源:Webb,2003:18

第四种主要模式的引用是**长直接引文**(见例子7.12)。由于引文较长(超过两行)，所以就被缩进排版，并自成一体，以便与主文本区分。页码也要标注，因为这是直接引文，跟原文完全一致。很多时候，如果你用这种方式进行整段的长引用，就不需要再使用引号。

例子7.12　长直接引文

例子→　……Muraven et al.(1998)建议：

你最好经常练习自我控制，因为长远来看，这些练习会强化自我控制，使自己少受单次活动的消耗性影响。(p.456)

来源：Webb，2003:88-89

我们建议，你了解一下你所在学科中的传统，看看在文本主体中引文的最大长度是多少，以及区分于主文本的较长引用究竟可以有多长。由于直接引文必须特别贴合所讨论的主题，所以你应该使用省略号……表明你省略掉了原文中的一些词句，并用圆括号( )和方括弧[ ]表明你增加的词句——这是为了保证直接引用更平顺地结合进你自己的文本。

引用模式上的学科差异

Hyland 的研究(2004)也发现，上述四种引用模式也存在学科差异。表7-3同样来自Hyland的研究，它表明了每种引用模式在各个学科中所占的百分比。

表7-3　不同学科中的引用类型

学　科	长引用(%)	短引用(%)	总结(%)	概括(%)
生物学	0	0	72	38
电子工程学	0	0	66	34
物理学	0	0	68	32
机械工程学	0	0	67	33
市场营销	3	2	68	27
应用语言学	8	2	67	23
社会学	8	5	69	18
哲学	2	1	89	8

来源：Hyland，2004：26。Ken Hyland 授权使用，出自 *Disciplinary Discourses: Social Interactions in Academic Writing*，The University of Michigan Press © 2004。

有趣的是，Hyland 的数据表明，直接引文完全没有出现在理科和工科领域的期刊论文中。此外，即便它们在人文学科和社会科学中更常见，但是总结和概括的数量要多得多。一般情况下，当被引用作者的观点是用特别有力的词句表达时，才直接引用。使用引文通常要做到节制，不要长篇累牍。如果过度使用，会让读者以为作者并没有充分理解他们所引用的材料。因此，在所有学科中更常见的做法是标注出处，并用自己的措辞表述被引用信息。在所有领域、尤其是哲学中，总结比概括（联合贡献）更常见。

间接引语动词的选择

关于引用，还需要注意一点：间接引语动词及其时态。如果是完整引用，通常必须使用间接引语动词。它介绍了被引用作者的想法、说法或做法。例子7.13的"论证说"就是间接引语动词。

例子7.13　间接引语动词

例子→　Ambrose(1991:86)论证说,遏制政策是美国脱离孤立主义的指明灯,在"全面和平时期"第一次坚定地承诺介入全球事务。

来源：Son, 2004:16

　　间接引语动词可以根据被引用作者的活动类型而加以分类（Thomas & Hawes, 1994;Thompson & Ye, 1991）：

- "做"的活动指程序和研究发现,例如:观察、发现、表明、揭示、分析、开展、研究、考察。
- "思考"活动指被引用作者的信念和想法,例如:相信、看待、沉思。
- "讨论"活动指被引用作者说了什么,例如:论证、讨论、建议、陈述、提议、声称、描述。

间接引语动词使用的学科差异

　　Hyland(2004)的研究还表明了,在论文中最常见的间接引语动词有哪些(就他研究取样的学科而言)。他发现,表达"做"的活动的动词在理科和工科中最常用到,而在人文学科和社会科学中,表达"思考"和"讨论"活动的间接引语动词最常被选择(见表7-4)。

表7-4 不同学科中最常用到的间接引语动词

学 科	最常见的间接引语动词
哲学	说、建议、论证、声称、指出、建议、认为
社会学	论证、建议、描述、评论、分析、讨论
应用语言学	建议、论证、表明、说明、发现、指出
市场营销	建议、论证、证明、提出、表明
生物学	描述、发现、报告、表明、建议、观察
电子工程学	提出、使用、描述、表明、出版
机械工程学	描述、表明、报告、讨论
物理学	建立、报告、研究

来源：Hyland, 2004: 27。Ken Hyland 授权使用，出自 *Disciplinary Discourses: Social Interactions in Academic Writing*, The University of Michigan Press © 2004。

间接引语动词的评价功能在第9章会深入探讨，此外该章还进一步讨论了某些间接引语动词，如"论证"和"建议"，为何在人文学科和社会科学中比在理科和工科中更为常见。

有效的引用和不可接受的引用

例子7.14提供了四篇摘录，示例了对来源文本标注的可接受用法和不可接受用法，目的是表明剽窃是如何发生的。

例子7.14 来源文本摘录

下面例子中引用的来源文本，出自 Etienne Wenger 的 *Communities of Practice: Learning, meaning and identity* 一文。

例子→

　　我们的体制，就它们明确地解决学习问题而言，主要是建基在下述假定之上：学习是一个独立过程，有开端和结尾，而且最好是与我们的其他活动分开，它乃是教育的结果。因此人们设置了课堂。在课堂上，学生不受外部世界的其他活动影响，能专心致志地听讲和做作业。人们设计了基于计算机的训练计划，让学生可以通过个性化的课程学习信息和进行练习。测验和考试被用来评估学习情况，学生进行一对一的竞争，在这种情况下，知识的展示肯定是脱离语境的，而合作被视为欺骗。这样做的结果是，许多制度化的教学和训练活动被潜在的学习者看成是不切实际的，我们大多数人感到学习是枯燥的、艰巨的，感到我们自己确实不是那块料。

　　因此，如果采用不同的视角，把学习者放在参与世界的生活经验这个语境中，情况会怎样？如果我们假定，学习跟吃饭睡觉一样，是人性的组成部分，是在维持生命，是不可避免的，只要给我们机会，就能做到得心应手，情况会怎样？如果我们假定，学习从其本质来说，是一种基本的社会现象，反映了我们自己深层的社会本性——人具有知的能力，情况会怎样？这种视角会对学习、对学习的要求产生什么样的理解？在本书中，我会努力建构这样一种视角。

来源：Webb,1998:3

例子7.14a 可以接受的直接引文

例子→ 在讨论学习的传统途径时,Wenger(1998:3)论证到,教育体制主要是建基在下述假定之上:

> 学习是一个独立过程,有开端和结尾,而且是与我们的其他活动分开的,它乃是教育的结果。

例子7.14b 可接受的总结

例子→ Wenger(1998)做出了如下思考:如果我们改变我们对个体学习方式的底层假定,我们可以如何改变学习途径。在这种观点看来,学习者因为现今仍在许多体制中占主导地位的个体化途径而被异化了,他建议我们应该转向一种更为社会化的途径。

例子7.14c 不可接受的转述/总结

例子→ 体制做了不正确的假定:学习是独立过程,是教育的结果。学生在课堂学习,焦点是教师和练习。合作被视为欺骗。因此,大多数学生把学习看成是不切实际、枯燥艰巨的,认为自己不是学习的料(Wenger,1998)。

尽管例子7.20c承认了来源材料,并改变了或省掉了有些措辞,但结构和许多用词跟原文一样:"学习是独立过程"……"制度化的教学和训练被潜在的学习者看成是不切实际的……学习是枯燥的、艰巨的,感到我们自己确实不是那块料。"此外,引文的起始句"体制做了不正确的假定……"比Wenger原文的语气更强——原文是"我们的体制……主要是建基在下述假定之上……"。因此我们可以说，引文错误地描绘了Wenger所做断言的力度。

例子7.14d 不可接受的借用

例子→ 我们的制度主要建基在下述假定之上：学习是独立过程。但是如果我们采用不同的视角，假定学习从根本上说是一种社会现象，情况会怎样？这会对我们理解学习和促进学习有何影响？

例子7.14d用词也非常接近Wenger的原文，尽管其中省略了很多细节，却没有标注出被引用的信息和作者，因此是不可接受的。

文本查重软件：Turnitin

在学习如何把来源文本中的观点结合进自己的写作时，你可能很想知道，如何避免你的文本过度引用了他人的说法和措词，你是否还需要做一些更成功的改述和总结，或者你是否掉入了"拼凑式写作"（Hull & Rose 1989;Howard 1995）的陷阱。为了确定写作有多少内容用的是你自己的话，你可以把作品提交给查重网站。大多数大学都订了Turnitin或类似的软件。通过该服务，你可以提交作品的电子版，而Turnitin会把它与数据库中储存的所有作品（包括在线期刊、电子书籍和硕博士论文等）进行对比，然后你会收到一份查重报告，它会告诉你，你的作品有多少、哪些部分与数据库中的完全一致。报告带有色标，在匹配的地方，Turnitin找出用词完全一致的来源文本。每一处都要仔细查看，匹配就可能意味着，你需要修改这个部分：或者改述，或者总结，或者在某些情况下是添加引号，把参考变成直接引文。

　　尽管 Turnitin 可能被导师和大学用来检查写作中是否存在剽窃，但从更为积极的意义上来说，它是一件很有价值的工具，能帮助学生评估自己进行成功改述和总结的能力。查重报告中加亮的部分表明，在提交给导师之前，那个地方可以做出修改，避免可能的剽窃情况发生。Turnitin 还提供一项名为 WriteCheck 的服务，可以独立于大学使用，进行文本匹配检查。

　　不过，我们应该注意到，Turnition 并没有对照纸质版书籍进行检查的功能。此外，查重报告必须仔细阅读，因为有些加亮的部分可能并不需要修订，例如对常识的简短陈述。建议学生和导师、或者学生之间对查重报告进行讨论，这可能有助于写作，促进对引用–参考规则的理解。

任务7.1　分析你所在研究领域的引用-参考

　　阅读你所处领域里一篇学位论文或者其中部分内容，其中应包含一些正文中的引用和参考。通过下列步骤和问题分析其中的引用–参考规则和惯例。

　　1.找出所有的参考和引用。

　　2.注意它们是完整引用还是不完整引用。

　　3.完整引用和不完整引用，哪种更为常见？

　　4.思考作者的每一次参考，他为何选择完整或不完整引用？

　　5.辨析每次参考是总结、概括还是引文。

　　6.在总结、概括或引文中，哪种引用类型最常见？

　　7.在你发现的所有间接引语动词下面画线，注意有哪些词，是如何被使用的。

8.确定间接引语动词的时态(主要针对英文论文)。

9.确定被引用信息出现在其中的从句中的动词时态(针对英文论文)。

10.考虑所有时态选择的可能理由(针对英文论文)。

在完成这个任务时,想想你注意到的引用的特征,考虑它会怎样影响你在论文中的写作。

本章小结

总体而言,本章包含以下内容:

正文中引用和参考他人的理由;

剽窃及其发生的各种方式;

什么时候需要引用和参考;

不同的引用—参考格式;

完整引用和不完整引用如何被使用;

总结、概括、短直接引文和长直接引文;

引用模式和间接引语动词的学科差异;

论文查重的可能好处。

8.

具有批判性

本章内容提要

　　导师通常会催促研究生在综述文献的时候要做到更有批判性。不过,我们并不总是能直接明了地说清楚什么是"具有批判性"。本章提供了一些建议,帮助你采取一些途径来使你的阅读和写作更具有批判性,还从学位论文中挑选了一些例子,示范在各个不同学科中研究者如何能够实现这一点。

　　具体来说,本章讨论:

　　批判性阅读和批判性写作;

　　在写作过程中展现批判性的不同方法;

　　从学位论文中摘录的例子,它们示范了使文献综述具有批判性的各种方法。

批判性阅读和批判性写作之间的区别

在讨论什么是"具有批判性"时，最重要的是要区分批判性阅读和批判性写作。在第4章，我们讨论了批判性阅读的意义，还提出了一些提示性问题，这些问题可以用来确保你在阅读文本的时候做到具有批判性。

我们简单回顾一下，阅读文献时要具有批判性，你必须：

1. 在文本中找出作者的论证和引出的结论。
2. 评估作者用于支撑其论证和结论的证据的力度，追问下述问题：
- 证据是否充分，是否相关？
- 被引用的权威可信吗？
- 资料以及对资料的诠释是否能支撑文本中的推理思路和所得结论？
- 如果文献把统计数据用作证据，它们来自哪里？为何被使用？它们与论证有何关系？统计检验恰当吗？作者对统计数据做了什么样的诠释？
3. 找出文献中隐藏着的、支撑了整体论证的前提假定，包括作者所持的政治、道德立场和价值判断等，辨析它们是如何影响到文献提出的论证和结论的。

在写作时要做到具有批判性，你应该：

1. 明示得出结论的逻辑论证。
2. 提供合理的证据和理由来支撑你的论证。
3. 在学位论文的文献综述里面，你应该评估、选择、组织和分类理论与发现，以提出一个融贯、自洽的逻辑框架，形成你的研究基础。

由于第4章已经讨论过批判性阅读的实现途径，这一章的焦点就是批判性写作。

批判性写作

在开始对本领域的文献进行写作时,你可能会忍不住对所读的每篇文献进行总结和批判。换句话说,你恨不得把你在批判性阅读时收集到的内容全部搬到你的写作中。然而,有效的批判性写作是有选择性的,你应该只收录与研究有关的信息。这不是说我们没有必要对每个来源文本进行详细的批判。事实上,研究过程中至关重要的一步就是对相关文献进行批判性阅读。高效的研究者就像第4章所述,对每个阅读过的文本写出总结和批判,然后在起草文献综述时把这些批判性思考派上用场。规划和提出论证步骤(见第6章)的过程中你所做的,实际上就应该是从相关文献中选择论点来支持你的断言。

为了在写作文献综述时做到有批判性,你需要采用一些策略,下面我们概括了主要的策略。这些策略最初由Taylor(1989)提出,后经Hart(1998)进行了修改。在文献综述里面,你很可能会在不同部分用到不同的策略,或者综合使用这些策略。对文献进行批判性写作,意味着如下做法。

- 比较和对比来自相关文献的不同理论、视角、概念和术语,指出自己的研究所持的立场。
- 有策略、有选择性地参考他人观点,目的是用于支撑自己的论文作为研究基础的底层论证。
- 综合和改写两个或更多来源的论证,创建新的或更成熟的观点。
- 通过分析一种发现或观点的价值和局限,对其进行讨论、确证或辩护。
- 承认某个现存的看法具有一定说服力,但有不足。要凸显其缺陷来支持你的立场。
- 拒斥一种看法并给出理由,比如论证不充分、缺乏证据、论证或研究中存在谬误。

　　为了在写作过程中采取批判性立场，你还需要记住跟上述策略有关的一些要点：

- 在参考其他人的作品时，你应该清楚你为何在文献综述里选择了某些作品，而且应该对他们的作品或你讨论的某个方面进行恰当的总结。总结的类型和长度取决于引用的目的（见第4章对不同的总结类型的讨论）。

- 做到具有批判性并不意味着完全否定别人的作品。在某些学科领域，文献综述中极少会对他人作品采用负面评论。你可以通过以下方式表明你带有批判性：首先，为你的研究的知识基础和论证支持挑选文献，所挑中的相关内容是合理的、恰当的；其次，在你引用的不同来源之间、在被引用的作品和你自己的研究之间建立起可信的联系。

- 在展示你自己的研究如何填补相关领域的空白时，特别有可能出现对前人工作的负面批评。例如，说明前人工作存在的不足如何为自己的研究创造了一个契机。这可能意味着：强调该领域尚未完成的工作；描述有缺陷或局限性的前人工作；或者解释你特别想使用与前人不同的研究方法在另一种视角下研究某个问题；以及找出某种理论或概念在解释你的研究所关注的某一现象时的局限性（见下面的例子8.4）。

- 通过学位论文的文献综述，你实际上加入了你的研究所在领域的批判性讨论之中。这种讨论涉及尊重的批评和一定程度的谦逊，要承认你自己也可以被挑战。重要的是，要把批评的重点放在观点、理论或发现上，而不能针对作者，因此你要慎重地选择措辞。

写作时不同的批判性途径

　　本节使用一系列的例子来揭示一些研究者在写作时如何做到

"具有批判性"。例子来自许多学科,而且毫无疑问,在进行批判性写作时,学科之间的差别甚大。不过,本章的目的不是要详细分析这些差别。每个例子之前都有一个简短的描述,说明作者如何具有批判性,指明该学位论文属于哪个学科。

总体而言,在医学、理科和工科领域,"具有批判性"一般意味着对相关的前人研究作品的选择,它们要体现知识的累积式发展,从而导向了当前的工作。而人文学科和社会科学中,研究者更有可能在其写作中公开地挑战和质疑他人的观点,因此围绕不同的诠释容易出现更多的争论。Machi & McEvoy(2009)建议我们在文献综述时对两种类型的论证做出区分:1)发现式论证——就某个具体主题提供新的知识内容;2)倡导式论证——对已经存在的知识内容/信息进行批判,对相关的理论、概念和发现进行总结和概括,并用于支撑你的研究。两者都是批判性写作的重要成分。你可能会猜测,发现式论证在医学、理科和工科领域中更流行,而倡导式论证在人文学科和社会科学中更普遍,但几乎可以确定的是,所有文献综述都不同程度地包含了这两种类型的论证。通常情况下,发现式和倡导式论证是分散排布的,并不会按照既定顺序交替使用。在下面的一些例子中,我突出表明作者是如何使用各种不同类型的论证的。当你在自己的文献综述中建构论证时,最好是记住这些区分,因为这样会让提醒你注意到,报告某个发现和评价、解释该发现对研究语境及自己研究的意义之间的差别。

第7章提过在正文引用模式上的一些学科差异,它们也体现了在批判性上学科惯例的不同。本章结尾的任务8.1能激励你认真、细致地思考你自己领域中的惯例。

以下四个摘录来自同一篇东亚研究的博士论文,研究的是从1998年到2003年韩国和朝鲜两国之间的接触战略,作者是Key-young Son。例子8.1a和8.1b来自文献综述那章的引言部分,它们显示了 Son 是如何对文献进行批判性处理的。例子 8.1c 和 8.1d 揭示了他如何用批判的方式整合了文献综述。

在例子 8.1a 中，Son 采用了批判性的研究途径，对在讨论"遏制"和"接触"政策的过程中，考察冷战及后冷战政策的必要性进行了解释和辩护。他在某些地方做出断言时，用的措辞尤其具有评判性特征。这些文字加了下划线，从而让读者看得更清楚。第9章关于突出研究者的声音的内容里，我会再次提到这个例子。

例子8.1a　文献综述专章导言

例子→　本章将通过把二战后的时代分为冷战和后冷战两个时期，来对"遏制"和"接触"这两个概念进行分析。本章的焦点主要在后冷战时期，当时尤其突出的政治议题就是争论是要遏制还是要接触"流氓国家"；不过现在关于遏制和接触的讨论毫无疑问与冷战政策及行动联系更为紧密，因此仅仅探讨后冷战局势是没有成效的。尤其是，朝鲜半岛在1950—1953年经历了冷战时期的第一波"热战"之后，冷战的结构和意识形态残余或多或少地保持了下来。

来源：Son，2004:14-15

在第二段摘录中，Son 表明了他是如何比较和对比实在论、自由主义和建构主义这三种视角的。正如前面解释的，具有批判性包含了对不同视角的分析和比较。

例子8.1b 文献综述里一节的导言

本节首先从历史上概览了遏制和接触战略,然后从实在论、自由主义和建构主义三种视角评述了关于冷战的理论。

来源：Son，2004:15

例子8.1c文本中加下划线的部分是在对冷战结束的看法上 Son 与众不同的地方。他首先描述了实在论者的立场。他自己并没有对实在论者提出负面批评,而是通过引用其他文献开展批判的,该文献作者是 Zubok,他不同意实在论者的解释。在这条摘录里,Son 找到了对一个大事件的对比性解释,体现了其研究的批判性。

例子8.1c 两个不同解释的对比

例子→ 实在论者观察到,过度扩张的苏联不可能在与美国的激烈军备竞争中保持超级大国的地位(Wohlforth,1994/5; Copeland,1999/2000;Schweller & Wohlforth,2000),进而试图解释冷战的结束。然而,Zubok(2001:41)论证说,从“经济危机和外部压力”的视角研究苏联的解体是错误的,因为这个国家从来就不是一个经济上的超级大国。同这种看法一致,建构主义者热衷于用认知学习、政治企业家精神、认同政治、跨国网络和西方规则与价值的国际化这类观念变量解释冷战为何以和平的方式结束(Checkel,1993,1997;Mendelson,1993;RisseKappen,1994; Lebow,1994;Evangelista,1995)。具体说,这些分析家试图通过强调苏联领导阶层的新思维,来确定是什么驱使苏联在1980后

期 放 弃 对 抗 性 行 为 模 式，自 动 从 东 欧 撤 退（Herman，1996；
Katzenstein，1996a；Kowert & Legro，1996；Checkel，1998a）。

来源：Son，2004：32

Son 在例子 8.1d 中的两个地方指出，"实在论"和"自由主义"在思考朝鲜半岛的接触政策上显得不恰当。他提倡使用建构主义的研究途径。文本的下划线部分表明了他是在什么地方指出和解释了实在论和自由主义的不足之处，在什么地方表达了建构主义的潜力。就 Machi & McEvoy(2009)的论证分类而言，这可以看成是倡导式论证的一个例子。

例子 8.1d　不同理论的局限和潜力

如果接触战略追求的是敌国行为的变化，那么实在论和自由主义所谓的"问题解决理论"(Cox，1981：128-9)，不可能恰当地解释问题，因为它们的前提是时间和空间的稳定状态，例如冷战模式或敌我分明的概念，故而在后冷战条件下无法包容政策或态度上的任何实质性变化。因此，热衷于找到历史变化线索的建构主义研究途径，对它的正确运用，对于考察全面接触来说是必不可少的。在此关头，建构主义研究途径证明，它具有潜力为敌对者的解冻过程提供分析式说明，其方法是找出结构上的和国内的变化信号、在变化的黑暗时刻正确指导政策；而实在论和自由主义更适合在相对静态的国际环境中解释问题。

来源：Son，2004：54

下面的例子8.2a，8.2b和8.2c是从Thomas Webb的心理学博士论文中摘录的，本书前面几章也摘选了该论文作为示例。Webb的工作基础是对人们如何自我调节其行为来实现某些目标所做的实验调查。这篇论文的文献综述需要表明作者当前的研究焦点与前人的工作有何不同。Webb清楚地阐释了前人的工作，并承认了他们的重要发现（发现式论证）。他还分别在三处找到了前人工作的疏忽和局限。接着在这一章的结尾他运用这些弱点引出他的三点目的，并为之提供辩护（倡导式论证）。

例子8.2a　前人研究的范围和当前研究的契机

例子→　在对人类行为的研究中，目标的重要性几乎不存在争议。事实上，Locke（1969）论证到，目标导向是生命有机体的基本属性——目标是有意控制行为的起点（Gollwitzer & Moskowitz，1996）。然而，对目标的大多数研究关注的是目标背景和目标内容，而非目标奋斗行为（Gollwitzer & Moskowitz，1996）。例如，我们有大量的研究对比一个兴趣维度上的不同目标（例如具体的 vs 泛泛的目标，中心的 vs 边缘的目标，Locke & Latham，1990），但对于人们一旦决定了追求一个目标之后的情况，信息则少得多。通常的答案是，人们的动机（实现目标的需求或动力）层次将决定它们的成功情况（例如 Ajzen，1991；Rogers，1983）。然而，对于动机和行为之间的因果关系，迄今还没有系统性的综述。此外，我们能够获取的关联性证据暗示，动机不足以确保目标的实现。他们的研究建议，像执行意图这样的意志过程可以被用于确保动机转化为行为。然而，这些研究中假定动机和意志容易区分是没有经过检验的，

> 而且没有成功地回答为何这样的策略是有效的。当前论文的目的是考察目标意图对行为的因果作用，确定目标意图和执行意图对行为的联合作用，并研究执行意图对行为产生影响的机制。
>
> 来源：Webb，2003:1-2

例子8.2b是对一类具体研究所做的更为详细的批判。在第一段，Webb总结了在意图和行为的相关性关系方面得到的研究发现（发现式论证）。接着他指出了相关性研究的三个缺陷，并提出了一个替代性的研究，在论文接下来的一章他就进行了考察（倡导式论证）。

例子8.2b 一具体研究类型的缺陷

例子→ 相关性研究表明，意图与行为具有可靠的关联。Sheeran（2002）做了422项研究，样本量82107，进行了10次元分析，其中一项分析发现，行为变化的28%是由意图造成（r_+=0.53）。在计划行为理论（TPB）语境下，Armitage和Connor（2001）对185项研究进行了元分析，发现行为变化的22%是由意图造成（r_+=0.47）。有关研究的计算表明，需要有26235项研究表明意图不能预测行为，才能得出意图与行为没有显著关系的结论。（类似的发现，见一些元分析研究：Ajzen，1991；Godin & Kok，1996；Hausenblas，Carron & Mack，1997；van den Putte，1991）。

然而，从相关性研究推出因果关系的努力遇到了许多问题。首先，很多研究采用了横向设计，这就意味着关于意图和行为的报告可能在融惯性或自我表述上遭受偏见,而这会人为地夸大意图和行为之间的关系(参见 Budd,1987)。

第二,相关性研究并没有排除下述可能性:过去的行为引起了意图。换句话说,意图可能仅仅反映了个体过去的行为,而不是行为决策。例如,如果你通常每周锻炼两次,当被问及你下周的锻炼意图时,你可能不会主动再做出什么决策。相反,你的意图是,下周的锻炼意向可能建立在你先前的锻炼行为之上。

第三,尽管把时刻1的意图与时刻2的行为关联起来的纵向设计排除了从过去行为导向意图的可能,但在推导因果关系时仍会出现问题。例如,纵向设计可能遇到第三个变量的问题,这个未测量到的变量可能同时影响到了意图和行为,在两者之间创造了一种具有欺骗性的相关。事实上,Wegner & Wheatley(1999)暗示:"我们永远无法确定是我们的思想引起我们的行为,因为总是可能存在没有意识到的原因造成了两者。"(p.482)

我认为,确定个人的意图是否造成后续行为的最好方式,就是巧妙控制意图,观察行为是否存在相应的变化。第2章对30项这样的研究进行了定量综述,以期量化意图对行为的因果作用。

来源: Webb, 2003:3-4

在例子 8.2c 中,我们可以看出 Webb 的参考策略,看出他如何从文献中挑选相关观点支撑他在每段第一句话中的断言。同样,在例子中,我们对表达引用之间关联的词语加了下划线。

例子8.2c　表明不同来源文本之间的关联

例子→　准备戒酒的人为何不能按照自己的意图行动，一个理由可能是他们忘记了。Orbell, Hodgkins 和 Sheeran(1997)对自行乳腺检查做了<u>一项研究</u>，发现打算在下个月进行乳腺自检的参与者有70%的人没有做到，他们认为原因就是忘记了。<u>类似地</u>，Milne, Orbell & Sheeran(2002)对练习行为的研究发现，打算戒酒的人中有17%报告说没有戒酒的原因是忘记了(其他的原因包括"太忙了""抽不出时间")。

<u>跟忘记相关</u>的是竞争性的行动倾向(Kuhl, 1984)。例如，实现某人跑一次马拉松的目标要求他在训练和竞争性的社会事务之间做到平衡。Shah & Kruglanski(2002)做了这方面的实验，当被试努力追求首要的或焦点目标时，他们通过反复给被试灌输无关的、次级的目标来<u>操作实验，检验这些观念</u>。

来源：Webb，2003；8

例子8.3a 和 8.3b 是对一篇社会学论文的摘录，该研究聚焦于科学知识是如何在博物馆中产生的，作者为 Morgan Meyer。例子8.3a 的摘录首先把博物馆作为接触区加以讨论，为论文中描述的研究提供了当代语境，其次为当前的研究确定了接触区的重要特征。具有批判性的一个重要的方面就是表明你自己的工作与文献之间是如何关联的。摘录的第一个部分提到了当前人们对于博物馆的信念，我们能在里面找到发现式论证；在直接引文中 Meyer 引出了与当前工作有关的东西，此处我们能找到倡导式论证。

例子8.3a　文献和当前研究之间的关联

例子→　除了把不同的人汇聚到一起,博物馆也把地理空间和历史时间上隔开的对象集合到了一块,从这种意义上来说,它也是接触区。例如,自然博物馆存放了来自世界各地及历史上不同时期的物种。但是,博物馆不只是分类、保存和管理多种多样的物品,而且其中有些物品还同时存在于不同的世界里。

博物馆共享工作的交叉性创造了同时存在于多个世界的对象,而且它们必须满足每个世界的需求……在博物学工作中,当主办方、理论家和业余爱好者合作描绘自然时,边界对象就被制造出来了。这些对象,有样品、田野调查笔记、博物馆和具体领域的地图(Star & Griesemer 1989:408)。

对于目前的工作而言,上面引述中有两个因素很重要:博物馆的交叉性及边界对象制造的参与(在第四节会予以讨论)。在这种观点看来,博物馆干的事情有两样:它是接触区,建造一些壁垒、推倒一些壁垒;它是制造事物(对象,但同时也是知识)的机构。

来源: Meyer,2006:19

在例子8.3b中,Meyer把不同的信息归属到不同来源,作为其构造论证的组成部分,强调了研究重点是"没有壁垒的博物馆"。在例子的后面部分,一系列相关的断言被分别归属到单个的文献来源。

例子8.3b　支撑整体论证的资源策略式合成

例子→　除了博物馆的交叉性及其对物品和知识制造的参与,我还将考虑第三个因素。我感兴趣的是"没有壁垒的博物馆"。有人提出论证说,"没有壁垒的博物馆"是博物馆空间进化的第三步(见Hetherington,1996:153)。首先,存在"前博物馆"空间:收藏品被限制在宫殿、私人住宅、教堂、花园等场所。接着,传统的博物馆经过17、18世纪的发展变成了"有壁垒的博物馆"。最后,"无壁垒的博物馆"出现了。然而在Malraux(1965)看来,没有壁垒的博物馆只出现在书本里,通过复制艺术品实现,"去壁垒"只有通过其他方式发生,也是在其他地方发生。Hetherington列举了打破博物馆壁垒的三个要素:商业化压力、遗产产业的出现、大众对博物馆之外的名胜古迹的兴趣(见Hetherington,1996:154)。我们可以增加五个因素。首先,民主价值,尤其对于自然博物馆而言,环境和社会的运动把先前游离于博物馆规划之外的地方和人们带入其核心。第二,尽管博物馆的主要工作仍旧是展示"物品"(Macdonald,2004),但有些博物馆的业务已经从展示实物转向真实的体验(Hein,2000:87),这更容易打破壁垒。第三,在"信息时代",有了数码信息网络和数据库,博物馆的收藏和专门知识就与其他的组织构成链接,身份就变得模糊(Keene,1998:17)。第四,还是用理论术语来说,"博物馆拒绝停滞不前"(Hudson,1998),因为博物馆的概念这些年来延伸了(Hooper-Greenhill,2000b:180),博物馆的壁垒打破了,向兴趣日益增长的人类学家、哲学家、经济学家等等,以及向历史或艺术中更经典的学术作品开放。最后,有人提出论证说,博物馆中科学和艺术之间的壁垒正在坍塌(Van Praet,1995;也见 Macdonald,2003)。

来源: Meyer, 2006:20-1

下面的摘录来自 Étienne Wenger 的博士学位论文,该论文是对社会文化群体所做的民族志研究。在这篇简短的摘录中,他总结了Bourdieu 提出的"惯习(habitus)"这一概念的关键因素,在简短地认同了该概念的作用之后,他指出其不足。Wenger 对惯习的解释分布在他对该概念的批判中,而且始终拿它与他自己研究的一个核心因素"实践社群"进行对比。他利用惯习概念的局限性来为他提出实践社群概念辩护。

文本中加下划线的语句表达了对 Bourdieu 的惯习概念的赞同,指出了该概念的局限性,突出了与实践社群概念的对比。

例子8.4　描述一条理论,承认其作用并指出其限制

例子→　Pierre Bourdieu(1977,1980)提出了……惯习这个概念,它是一套文化原则,<u>以融贯的方式</u>为一个群体、通常是一个社会阶层生成行动模式、生活方式、品味以及兴趣。对于他来说,它是决定因素,人们因此而能共享他们的意义建构。<u>我发现惯习是一个非常有用的概念</u>。但惯习<u>不同于</u>实践社群概念的地方在于,它是这些宽泛的结构性原则中的一个,是社会世界新出现的特性。正因为这样,它<u>一般容易忽视</u>我们在参与实践反思实践过程中局部建构起来的社会形式。它忽略了实

践中共同参与的日常机制,在可感知的社区中建构自我的机制,这些机制通过共同的实践使其具有当地的一致性。惯习这种宽泛的结构性质<u>使它难以说明</u>自身的再生产和演化时间。对于Bourdieu来说,这似乎主要限定在家庭内,通过公众和私人生活的二分,它变成再生产的特殊单元:惯习是早年在儿童时期习得的,随之变成一个无法逃避的、封闭的生活世界。简而言之,惯习具有一个社会范围,但<u>它并没有</u>一个社会机体。正是在这种情况下,<u>有具体居住特征的实践社群提供了一个重要的分析介入层面</u>,为在实践社群以及在该社群中表达自己的过程中建构实践合作。

来源: Wenger, 1990:150-151

下面的摘录出自一篇信息学博士论文,作者是Ruth Bacigalupo。在第一和第二段,Bacigalupo汇聚了支持组织信息管理过程观这一概念的作者,她也把这种观点的具体例子归属到了具体的作者。接着从第二段的后半部分开始到摘录的结尾,她通过澄清自己使用术语"信息管理"的方式,建立了与自己的研究主题的关联。表示与当前研究关联的语句加了下划线。

例子8.5　建立被引者、与当前研究之间的关联

例子→　组织信息管理过程观已经被一些作者采纳(例如, Davenport, 1993; Best, 1996; Choo, 1998; Orna, 1999)。Davenport(1997)使用术语"信息技术"描述组织的整体信息管理。其途径是以客户为中心,而不是聚焦在技术上。组织的完

整信息环境被强调,这包括文化、过程和行为、政治以及技术。"信息生态学家"的核心工作是解释人们如何生产、共享、理解和使用信息(Davenport,1997:5)。Choo(1998)认为信息管理的内容很宽泛,包括信息处理过程、信息资源和信息技术的管理。组织不被看作是静态的,而是具有动态的、开放的特点;它们可以被看作是"心灵社会"。信息管理的基本目标是"利用信息资源和信息能力,使组织学会和适应其不断变化的环境"(Choo,1998:24)。

对"信息管理"和"信息"的宽泛定义在任何环境下都是必要的。换句话说,整体主义的定义并不是信息技术导致的(Davenport,1997;Best,1996;Parsons,1996;Wilson,1985)。然而,术语"信息管理"应该被谨慎对待,因为它可以在许多层次上、在不同的组织中、不同的语境中被使用(Feenev,1996)。就该文献,事实上就本项研究而言,"信息管理"既被用于描述一种途径(信息管理实践背后的哲学和理论),也被用于更具体的层次,用以描述卫生访视员的信息使用/处理行为。

对于本项研究的目的而言,信息管理研究的定义是:一种整体的研究途径,探讨卫生访视员使用信息资源(内部和外部的)帮助其社区发展工作的方式。"信息"指的是卫生访视员用于帮助自己实现社区发展工作(公共卫生活动的一个方面)的信息资源(产品和过程)。用这种方式看待信息资源的使用,还能突出在处理信息过程中遇到的障碍,如信息过载。

来源: Bacigalupo, 2000:15-16

下面的例子来自 Dino Ovcina 的管理学硕士论文，属于国际商务和管理领域。他开展了一项案例研究，调查了一家美国的零售公司如何进入拉美市场。摘录出自其文献综述章，其中他为进入新市场提出了不同的模式。他采用了批判式的研究，比较和对比了不同模式，突出了各种模式的局限性，并从更普遍的模式过渡到更契合其研究焦点（新兴市场和零售业）的模式。表达作者的研究和前人工作局限性之间关联的语句加了下划线。

例子 8.6　比较和对比来自不同作者的模式

例子→　2.3 挑选正确的市场（哪里）

选择哪个国家或哪些国家投资/进入，选择哪种进入模式，这是公司面临的另一项挑战。根据 Hollensen（2004），影响该决定的因素包括：

内部因素；

外部因素；

被期望的模式特征；

交易专门化行为。

Peng（2006）的外资进入的全面模式中也<u>列出了类似的因素</u>。<u>然而</u>，该模型的主要焦点是内部因素——基于对公司特定资产考虑的资源，以及外部因素——基于行业考虑的竞争力程度和基于制度考虑的国家风险。<u>Peng（2006）和 Hollensen（2004）两人都是泛泛谈论进入市场</u>，<u>因此他们的模式需要与调研过进入市场和零售业题材的学者结合</u>。具体说，当进入新型市场时，外部因素最被学者看重。Cavusgil et al.（2002）除了提到其他因素外，还谈到了国家风险历史、GDP 增长率，以及从发达国家的公司角度来看获得竞争优势的吸引力。Alexander & Doherty(2009)从零售商的角度研究了这个题材。他们建议把评估过程分为两个阶段:市场扫描和市场调查。市场扫描主要建基在二手资料上,意图快速了解几个潜在市场的利弊。而市场调查是一个更为复杂、深入的过程,需要大量资料。该阶段的工作主要建基在原始资料之上,这就意味着只有少数市场能被调查到。此外,Alexander & Doherty(2009:235)概述了能被用于此评估的评价标准。这些标准类似于Dawson et al.(2006)的,包括(1)地理上的距离,(2)文化接近性,(3)分配体系的成熟度和(4)经济和政治上的稳定性。

来源: Ovcina, 2010:17-18

任务8.1 练习批判性写作

选择你所处领域里一篇学位论文作为样本,阅读其中的文献综述章节,回答下述问题。

1. 根据本章的解释和示例,确定该学位论文的作者采取了什么途径做到具有批判性。

2. 作者对被引用作品做过负面评论吗? 如果有,分析负面评论出现的语境。例如,作者使用负面评论是为自己的研究铺平道路吗?

3. 在你的领域,对他人作品做负面评论常见吗,还是积极地、有选择性地认同那些支撑你研究的观点更为常见? 如果你不确定,跟你的导师讨论这个问题。

思考你自己的写作,你打算通过什么途径做到具有批判性?

为了使你的论文写作得更加具有批判性，你会采用本章提倡的策略吗？

本章小结

总体而言，本章包含以下内容：

批判性阅读和批判性写作之间的区别；

在论文写作时做到具有批判性可以采用的策略；

摘录自多篇学位论文的许多例子，示范了做到具有批判性的各种策略。

9.

写出研究者的声音

本章内容提要

在上一章中，我们讨论了批判性写作的可能方式。第7章探讨了在参考他人作品时可以采用的各种正文引用模式。在本章中，我们将进一步延伸前面两章，着重考虑如何通过在学位论文中突显研究者的声音而表明自己做到了批判性。本章将讨论研究者声音的意义，接着探讨在写作中发出自己声音的各种可能方式，即：文本组织，人称代词的使用，引文模式的选择，间接引语动词的评价性质，评价性形容词、副词和短语的使用。

什么是研究者的声音

突显研究者的声音，指的是在学位论文中，做到在内容上、在读者面前宣示研究者自己思想的存在，换句话说，你要创建一个作为著者的自我（Ivanič，1998）。在撰写文献综述时，就要坚定地发出自己的声音，有两种主要的方式。第一种是掌控文本并引导读者看完内容。其实现途径是做出自己的断言，配以恰当的引文作为支撑，并且采用明确的连接词和短语，表明引文和文本的不同章节之间的关联。第二种是在引用文献资料的时候，清楚表达自己的立场，说明你为了自己的研究，如何运用了前人研究的某些方面。

突显研究者的声音，就是要显示出你是在用来源文本满足自己的目的，而不是躲在被引作者的权威后面。本章提出的一些建议，旨在帮你组织文本、使用语言和引文模式，巧妙地在写作时成功地表达自己的声音。不过，在提供指导以及展示有效的实践之前，例子 9.1 表明了研究者的声音如何会隐身幕后，这既是因为对来源资料的过度依赖，也是因为研究者在介绍来源资料时存在方式上的问题。

例子 9.1

例子→ Swales（1990：58）将体裁定义为"一类交际事件，其成员共享一套交际目的"。Berkenkotter & Huckin（1995）列出了一些通用形式，如实验室报告、会议论文和期刊论文。他们强调熟悉这些体裁的重要性，以取得专业性的进步。Johns（1997：21）解释了我们如何通过"与文本一道重复语境化体验"建立我们的体裁知识。对于 Miller（1984）来说，体裁是执行社会行为的一种手段。她解释说，反复出现的和类似的情景塑造了一般化行为，后者导致了体裁的发展。

虽然例子 9.1 中的摘录包含了不同作者在"体裁"这个主题上的观点，但研究者并没有明确地说明它们之间的关联。换句话说，研究者并没有特别强调各参考资料之间的关联。每个语句以被引作者开头,其结果是文本被来源作者主导,而没有去强调研究者本人讨论体裁的目的。摘录中的每个句子都归属于被引作者,研究者本人在该主题上的观点并不明晰。

第8章描述的批判性写作策略介绍了有效组织文本的技巧。本节将回顾这些策略,并更明确地聚焦于如何突显研究者的声音。除了一些的新例子,我还使用了第8章中的一些来加以示范。

突显研究者声音的要点

引用支持无归属的断言

表达自己声音的一个非常有效的方式,就是提出一个无归属的断言,即它未参考其他来源,接着用来自参考文献的观点、发现或信息支撑或阐释该断言。

例子9.2摘自Son的论文,第一句是作者对"遏制"的陈述,并未参考其他来源。因此,这是一个突显研究者声音的例子。作者随后用一条解释"遏制"含义的引文平衡了这条无归属的断言。在无归属的陈述后面再添上引用,Son就是在使用参考文献来实现自己的目的,而不是让被引用作者牵着鼻子走。关于该策略的另一个示例,见例子8.3a。

例子9.2 起始无归属断言

例子→ 遏制是冷战的一个副产品,美国和其他西方国家竭力遏制横跨欧亚大陆不断扩大的"红色"区域。在其开创性

著作 *Strategies of Containment* 中，Gaddis（1982）试图以术语"战略"来分析遏制，以阐明这个迷惑性的概念，它因美国政府的更替而经历了突变和转换。

来源：Son，2004：15

在引用之间建立明确的关联

在进行引用时，你通过清楚地表明它们之间的关联来发出自己的声音。你通过组织来源文本、点出它们之间的关联，使自己的声音突显出来。下述示例了表达引用之间的差异和相似性的措辞。

- 然而，Gill（2006）采用了不同的方法……
- 同样，Porter（2005）整体地使用了该术语……

在例子9.3中，Son 使用"然而"这个词揭示了两个被引作者 Halliday 和 Gaddis 在 détente 含义上的对立看法。还可以回去看看例子8.1c 和 8.2c 对这种策略的运用。

例子9.3　表明参考之间的对立

例子→　Halliday（1986：205-206）认为，尼克松·基辛格的"缓和"（détente）战略试图以惩罚和诱惑的一揽子计划维持美国的霸权，然而 Gaddis（1982：314）强调，这一倡议是基于乔治·凯南的遏制战略，旨在将苏联经济与西方世界的经济整合到一起，使苏联没有动机破坏现状。

来源：Son，2004：20

对来源材料的总结和评价

上一章中还示例了另一项技巧,包括总结你从来源文本中引用的相关要点,以及随后对该材料给出评价。

例子9.4摘自社会语言学领域,Ei leen Lee首先总结了Fishman的代际失调分级表,然后使用"成功"和"现实主义的"这类词语表明她对分级表的看法,从而做出自己的评价。她用信号词"然而"引入了对分级表适用性所做的合格性评论。

例子9.4　总结、评价以及来源材料的应用

例子→　术语[反转语言变迁(RLS)]既包括对濒危语言状况的诊断和评估,也包括改善的优先次序,后者必须予以实施,以减轻一门语言在变迁(LS)过程中可能面临的灭绝威胁。Fishman(1991)提出的RLS理论的基本原则体现在代际失调分级表(GIDS)的框架中……[其中包括]对各种语言濒危程度的八个阶段的描述。

阶段8:使用者仅剩余族群里少数与社会隔离的人

阶段7:是族群里的年长者而非年轻一代在使用

阶段6:在族群里代代相传并在对应社区里使用

阶段5:在族群里初学语言者使用

阶段4:在族群里的正式义务教育中使用

阶段3:在不太专业的工作领域使用,包括与主流语言群体的互动

阶段2:在基层政府服务和大众传媒中使用

阶段1:在中央政府和国家媒体中使用。(基于Fishman,1991;2001)

......

到目前为止，作为启发式工具，分级表已经<u>成功地</u>告诉我们该如何评估一门语言的语言濒危状况……<u>然而</u>，由于所有社会语言情况都在变化，因此我们有必要使GIDS模型适应具体情况。本质上，GIDS提供了对正在消失的某种语言的LS情况的<u>现实主义的</u>诊断以及纠正不平衡的系统方法。

来源：摘自：Lee，2003：82-83，98

例子8.2b和8.4也是在总结后面加评价性评论的例子。

章节末尾的整体总结

把研究者声音融入文本的另一种方式是在章节末尾写总结，回顾或复述本部分被引文献的相关要点。总结通常有信号词提示，例如"因此"或"总而言之"。

例子9.5摘自心理学领域的一篇论文，总结出现在联系"行为"探讨"执行意图"的那节末尾。Webb总结并说明了前面出现的引用。

他接着指出前人研究的空白，从而为自己的研究提供契机。在本总结段落，研究者的声音明显起了主导作用。对Gollwitzer的不完整引用旨在支持研究者自己的结论，后者由"总而言之"一词引入。"两个过程似乎都参与了"这一短语作为信号，清楚表明Webb是从本节讨论的引用中得出结论（信号词用下划线强调）。

例子9.5 节末总结

例子→ <u>总而言之</u>，通过形成执行意图，人们可以有策略地从有意识的努力行为（由目标意图指导）切换到特定情景线索轻松引出的目标定向行为(Gollwitzer et al.,待出版),以及强化线索和行为之间的联结。<u>然而,迄今为止的研究主要关注联结强度的结果(即上面描述的自动特征),并未能直接检查情境与行为之间的联结强度是否介入了</u>执行意图对行为的影响。第5章描述了这个重要的测试。

来源:Webb,2003:16

人称代词"我"的使用

突显研究者声音的最明显方式是使用人称代词"我"或"我们"。这种做法在作品中明显地宣称了自己的存在和身份。然而,由于在学术写作中,对人称代词"我""我们"的用法存在各种看法和惯例,所以你有必要在撰写学位论文的早期就与导师讨论是否可以使用,因为这会对你在写作时表达自己声音的方式产生重要影响。

使用人称代词"我"可以直接实现许多不同的目的(Hyland,1999;Ivanič,1998;Tang&John,1999):

- 解释研究者所从事的工作;
- 解释文本的结构;
- 解释研究者的发现或结果;
- 描述个人经验或反思;
- 提出主张或观点。

写作文献综述时,第二个和最后一个功能是最相关的。

一些研究生最初可能不愿意采用"我",毕竟学术写作中不允许使用"我"这样的人称代词这一看法十分普遍。然而,在许多社会科学和人文领域,"我"的使用很广泛,甚至在一些语境中可能被期待使用。

的确，在医学、理科和工科的一些学科领域，知识的创造被认为与个人无关，是客观的，因此要慎用"我"。一般来说，这些领域更注重研究过程和结果，而非开展研究取得结果的研究者。

Hyland 的研究（1999，2004）发现，论文作者使用"我"存在着学科差异，不仅在所选择的实际人称代词，而且在使用目的以及与代词一同出现的动词上，都存在这种差异。在同行评审的研究型论文中，Hyland 发现人文学科和社会科学中"我""我们"的使用广泛得多，特别是单数人称代词"我"。研究表明，单数人称代词"我"在科学和工程领域比较少见，而复数人称代词"我们"更为常见。在这些领域，人称代词更可能用于描述研究活动、程序或文本的结构。同时像**测量**、**分析**、**注释**或**讨论**这类动词比较常见。相比之下，在社会科学和人文学科中，研究人员使用"我""我们"来明确表达他们对某个想法的立场或意见，或提出一项主张，如**争论**、**思考**和**提议**这类动词更为常见。

正如 Hyland 的研究所暗示的，人们通常认为"我们"的使用比"我"更可接受，特别是在理科、工科和医学学科。合作研究可以使用"我们"，尽管在写作硕士或博士论文时一般不是这种情况，因为论文是出于评定目的而独立完成。

"我们"也可以用来与读者建立融洽关系，激起作者和读者一道探索观点的感觉。例如，本章开头的第一句话：

> 在上一章中，我们讨论了批判性写作的可能方式。第7章探讨了在参考他人作品时可以采用的各种正文引用模式。在本章中，我们将进一步延伸前面两章，着重考虑……

"我们"这个人称代词的还有一个功能是代表一般人，例如，"我们知道手机短信和互联网的使用正在改变语言的使用方式"。此处"我们"实际上并不是为了突显研究者的声音，但它确实有助于增强作者和读者之间的交流意识。

下面提供的一些例子说明了人称代词的两个重要功能：明确对观点负责、展示文献综述结构。

使用人称代词明确对观点负责

例子9.6出自社会语言学领域的一篇论文，作者Lee在谈到研究的方法论时，三处使用人称代词表达自己的看法。其中一处她使用"我们"来引导读者跟她一起寻找合适的方法论。

除了使用人称代词，她还通过在第一段中提出论证，把自己的声音加诸于文本。在本段中，形容词"不充分的"是对民族志方法的明显评价。通过参考两个作者对"批判民族志"的定义，她巩固了自己在第二段中的论证，用"这两个定义都意味着……"强调了两个作者之间的联系，然后用"在我看来……"介绍了自己对该术语的解释。

例子9.6 使用"我"提出看法

例子→ 走向批判的民族志

一类研究有其独特的研究方法论，但不管多么独特，方法论中的一些领域需要根据研究的特定范围进行调整和改进。研究问题决定了研究工具的选择；类似地，研究范围有助于确定研究方法论将要考虑哪些特定类型的关系、过程和方向。考虑到预期研究的范围，仅仅采取民族志方法对社区和多元文化环境中发生的事情进行主位和客位的描述是<u>不充分的</u>。具体来说，<u>我提倡</u>一种更加互动的方法论：(i)从研究者和被研究对象引出，(ii)使研究者和被研究对象在视角上更为接近，与此同时，指导双方为其个人目标独立行动。

为了实现上述目标，<u>我们需要方法论上的范式转换</u>，从常规的转到批判的民族志，根据 Nwenmely（1996：47），这是一种"更加面向社会的、且有影响变化潜力的民族志"。Thomas（1993：4）将批判民族志定义为"具有政治目的的传统民族志"。这两个定义意味着研究者和主体的积极作用。在我看来，批判民族志是常规民族志的变体，它保留了常规民族志的一些特征，同时期待研究者和参与者在研究中发挥积极作用，从而为常规民族志研究增加了一个新维度。这种方法论鼓励双向（互动）、反思和合作的研究过程，赋予研究者和被研究对象更大权力。

来源：Lee，2003：119-120

使用人称代词展现文献综述的结构

例子9.7和9.8来自前面中已被引用过的社会学研究博士论文。例子9.7摘自引言，显示了 Meyer 如何使用"我"作为人称代词来组织写作，进行概述。

例子9.7 使用"我"显示文本组织

例子→ 论文分为八章。在第一章中，我提出了不同的理论方法。首先，我关注科学发生的空间：实验室、田野和博物馆。然后我会讨论科学研究，特别是行为者网络理论。之后我将考虑科学的界限。我会讨论诸如"边界工作"和"边界对象"之类的概念，接着聚焦于业余爱好者和专业人员之间特定的边界。

来源：Meyer，2006：8

例子9.8是 Meyer 的文献综述的第一段,我们可以看到他是如何使用"我"来提出自己的主张和意见的:"我认为"和"我论证"。他这里介绍的是在论文的第1章作为一个整体将被深入展开的论证。

> ### 例子9.8 使用"我"引入核心论证
>
> 第1章:探索自然历史博物馆的科学边界
>
> **例子→** 文献综述不是简单地回顾一堆文献。它必须做得比这更多:它必须确定并提出如何填补空白。我要创建并努力填补的空白如下。我认为,学术工作没有充分考虑作为知识生产场所的博物馆,且业余爱好者和专业人员之间的关系研究不足。在科学研究中,特别是科学家和非科学家、专家和门外汉之间的关系,直到最近才受到很少的关注(Callon & Rabeharisoa 2003)。我论证的观点是,自然历史博物馆值得更多的考察,而行为者网络理论对于这种努力虽然有限,却也是一个有用的方法。
>
> 来源:Meyer,2006:12

引用模式的选择

正如前面的小节所示,在写作中参考和引用他人时,一个重大的挑战是在你引用的信息来源和你自己的声音之间取得成功的平衡。如果你过度依赖来源,你可能面临缺乏原创思想的指责。另一方面,如果你没有足够的参考,你可能会被批评提出了太多无支持的主张。一般来说,你可以通过使用无归属的陈述,然后配合你参考的目的,选择匹配的引用模式,来求得适当的平衡。

表9-1有助于总结被引作者和研究者的声音之间的关系如何依据引用模式的不同而变化,但要注意,引用所在的整体语境最终决定了所取得的平衡。表中"笔者"指的是学位论文的撰写者,而"作者"指的是本语境中被引来源的原创者。

表9-1　陈述的命题的责任和文本的声音

责任	笔者	作者	例子
笔者	以笔者为中心	作者是缺席的缺席	全球变暖是地球的一个严重威胁。
笔者作者共享	笔者处于主导地位	作者处于从属地位	全球变暖是地球的一个严重威胁(Clark,2006)
	笔者呼应作者		正如Clark(2006)指出的,全球变暖是地球的一个严重威胁。
	笔者处于从属地位	作者处于主导地位	Clark(2006)指出了,全球变暖是地球的一个严重威胁。
作者	笔者在后文出现	以作者为中心	Clark(2006)论证到,全球变暖……
			根据Clark(2006),全球变暖……

来源:改编自Groom,2000:22

最右栏是主要引用模式的一些例子,其他栏提供了每个模式的分析,解释被引作者或学位论文的研究者是否对文本中的内容负责,从而解释作者或研究者的声音是否占主导地位。第一栏"责任"指示研究者或作者是否对所呈的信息内容负责。比如,在第一个例子中没有文献标引,就是研究者对断言负责,没有出现其他作者的声音。中间两栏就谁的声音占主导地位提供了进一步信息。例如,陈述"Clark指出……",就意味着研究者接受了作者的主张,而如果你使用"Clark论证到……",研究者就是在暗示将在后面某个地方清楚表达自己的观点,或者提供另一个作者的替代观点。

如表9.1所示,使用不完整引用最容易突显研究者的声音。实际上,在第7章中,我们讨论了不完整引用如何在大多数学科里成为了最常使用的引用模式,因为它能让研究者更成功地主导文本。不过,在人文学科和社会科学中,当呈现不同的观点、当表明学位论文的研究者对被引作品以及被引作者对自己作品的支持程度时,完整引用比较有用。

> **例子9.9 用不完整引用突显研究者的声音**
>
> **例子→** 尼克松总统是一个坚定的反共产主义的政治人物,这个标签帮助他在寻求与苏联以及中国建立更好的关系时挫败了右派的批评(Garthoff 1985)。简而言之,"缓和"(détente)可以定义为具有对立意识形态和不同世界观的"全球超级大国之间的混合竞争-协作关系"(Breslauer 1983:336)。
>
> 来源:Son,2004:20

例子7.8和8.3b也表明了研究者如何通过使用不完整引用成功地掌控了文本。

不同间接引语动词的潜在含义

在第7章中我介绍了不同类别的间接引语动词,其区分在于它们表征的是做、思还是讨论活动。我们还考虑了在不同学科中哪些间接引语动词最为常见。在本节中,我们将讨论不同的间接引语动词潜在的不同含义,你可以用不同的词来表明你对所引信息的支持或同意程度,有效地对被引作者发表自己的意见。但要提醒的是,尽管间接引语动词确实隐含评价,但是对研究者声音的整体印象,却是源于引用所在文本更广泛的语境。

不同的间接引语动词可以表明下述内容:

- 研究者对被引作者的赞成(例如,表明、发现和指出);
- 研究者对被引作者的不同意或负面批评(例如,忽略、没能做到和误估);
- 研究者对被引信息的中立态度(例如,考察、讨论、解释、论证、主张、建议)

当研究者使用最后一组间接引语动词中的一个来表达中立态度时,一般会让读者认为研究者将在后面提出自己的看法,或者提供另一个来源材料的替代看法或支持性看法。

间接引语动词还可以指示被引作者对自己的意见或发现的认同强度。例如,"建议"和"推测"暗示了被引作者的谨慎。

中立的间接引语动词

在例子9.10中,所有间接引语动词都是中立的,因为它们不会显示作者的立场。间接引语动词"提倡""主张"和"论证"表明被引作者的坚定看法,当然,这种看法可能还没有获得普遍的认同。事实上,完整引用之所以更有利,是它们对不同的解释进行了强调。例子9.10中研究者对策略的评论出现在论文文献综述的结论部分。就上面的表9.1来看,这是一个研究者声音被"延迟"的例子。

例子9.10 中立的间接引语动词

例子→ 本节将回顾美国的一套遏制战略,来表明在面对结构上的和国内的制约因素时,他们对共产主义入侵所做出的反应是:在"平衡"与"不平衡"之间交替。对于不平衡反应的倡导者如乔治•凯南,艾森豪威尔政府(1953-1961)和尼克松政府(1969-1974)而言,他们手中主要的政策手段是经济援助和核威慑。相反,NSC-68的作者、肯尼迪政府(1961-1963)和里根政府(1981-1989)则提倡在各个层面更灵活地调动资源。基辛格(Kissinger,1977)评论道,美国对世界的态度在孤立主义和过度扩张之间摇摆,现在急需采取现实主义的态度来面对现实世界。Gaddis(1982)主张,这些动荡的主要原因是来自在美国内部的力量,例如国会和军工利益体,而不是苏联的态度或行动。Kaldor(1995)则论证说,冷战是两个竞争集团领导人创造的"虚构战争",作为其政治战略的组成部分,通过制造周期性的威胁将公众的注意力从国内问题转移出去。

来源:Son,2004:16-17

表达研究者赞成态度的间接引语动词

例子9.11是(例子8.2b)的一节。间接引语动词"表明"和"发现"显示作者赞成被引作者的结论。然而值得注意的是,在下一段中,研究者介绍了对这些研究的批评,强调了它们的一些缺点。因此,间接引语动词的评价作用并不绝对,还是要视更广泛的语境而定。

例子9.11 表达研究者赞成态度的间接引语动词

例子→ 相关性研究<u>表明</u>,意图与行为具有可靠的关联。Sheeran(2002)做了422项研究,样本量82107,进行了10次元分析,其中一项分析<u>发现</u>,行为变化的28%是由意图造成(r_+=0.53)。在计划行为理论(TPB)语境下,Armitage 和 Connor(2001)对 185 项研究进行了元分析,发现行为变化的22%是由意图造成(r_+= 0.47)。有关研究的计算表明,需要有26235项研究表明意图不能预测行为,才能得出意图与行为没有显著关系的结论。(类似的发现,见一些元分析研究:Ajzen, 1991;Godin & Kok, 1996;Hausenblas,Carron & Mack,1997;van den Putte,1991)。

<u>然而</u>,从相关性研究推出因果关系的努力<u>遇到了许多问题</u>。

来源:Webb,2003:3

表9-2 表达不同程度的认同的措辞

表达强烈的认同	表达赞成	表达谨慎的认同
16世纪的材料<u>清楚表明</u>……	下列问题<u>证明</u>……	Hancock <u>推测</u>……
总之,<u>毫无疑问</u>……	先前的例子<u>表明</u>……	在更大的规模,这些讨论<u>建议</u>……
因此,<u>毫不稀奇</u>……	Todd(1990)<u>提供了一个有用的方法</u>……	在更大程度上,这些讨论<u>暗示</u>……
Smythe(2005)<u>恰如其分地强调</u>……	这个可持续性的定义<u>更全面是因为</u>……	
……<u>提出了迄今反对惩罚措施的最强论证</u>		

其他评价性词语

有很多方法都可以用来展示认同的力度,不管是对你做出的无归属陈述,还是对你用到的引文。你可以旗帜鲜明地表达你的观点,或是小心翼翼提出一种看法。你可以使用的词有:强、弱、毫无疑问地、有力地、更好、最好;稍弱、最弱;更流畅地、最流畅地、极不流畅地、显而易见、值得怀疑;暗示、推测、提议;等等。

表9-2中的例子分为三类,其中作者表明:1)对被引材料的强烈认可或赞同;2)赞同引用,但不像第1组例子中那样强调;3)对被引信息的谨慎认可。每组都示例了一套语言策略。

例子9.12摘自Son的论文,示例了评价性词语"适当"和"不可或缺"在语境中的使用。他表现出对"建构主义方法"的坚定认可。在例子9.13中,Fairbrother使用"令人信服地"这一表述来承认被引作者的论证的力度。

例子9.12　表达支持

例子→　因此,建构主义研究途径急于找到历史变革的线索,它的适当使用对于概念化全面参与不可或缺。

来源:Son,2004:54

例子9.13　表达支持

例子→　Lee(2001)令人信服地论证到,对成年和有依赖性的童年持标准看法的主导框架,其可信度受20世纪初的社会经济和政治气候的支持。

来源：Fairbrother，2010；6

其他使用评价性表达的例子，参见例子8.1a和例子9.4。

评价策略的混合使用

最后的例子9.14选自一篇学位论文的文献综述部分，示例了本章提到的许多突显研究者声音的途径。Culverson的学位论文讨论雇员对其组织的忠诚度。例子后面是我对Culverson在写作时表达自己声音的各种方式的简要说明。

例子9.14　突显研究者声音的各种方式

例子→　**忠诚的重要性**

忠诚的雇员对企业贡献很大，因为他们的行为和表现都旨在实现企业的目标（Sutano，1999）。<u>此外</u>，员工的忠诚度已经和工作满意度、积极性以及出勤率一样，与企业效益呈正相关关系（Bennett& Durkin，2000）。<u>另一方面</u>，缺乏忠诚度所带来的消极影响包括缺勤和员工流失（Bennett& Durkin，2000）。<u>这些例子有助于证明</u>，忠诚于企业的员工乐于成为其中一员。<u>因此</u>，信任企业并愿意投身于企业事业的雇员，一般会为企业的利益着想。态度<u>反映了</u>企业与员工关系的性质和质量。Oliver（1990）根据交换原则<u>解释</u>了这种员工-企业关系。交换理论与忠诚度相关,根据它的推理,员工以忠诚换取企业的回报（或预期回报）。这种看法提供了一个简单思路来考察雇员对于企业各种行为的潜在动机。根据 Oliver 的推理,我们可以推测,为了证明忠诚度的重要性,当一个企业努力改善那些会影响员工忠诚度的各项指标,那么雇员将会更加努力实现企业的目标。这是因为他们正在提升个人品质、从业经验、岗位结构和工作经验,这对于提高员工的企业忠诚度具有极大的帮助。

资料来源:Culverson,2002:30-31

摘要的前三个句子中使用不完整引用,Culverson 的策略是把不同信息归属到不同来源,以建立一个全面的论证。使用不完整引用有助于她掌控文本的方向。她用连接词"此外"和"另一方面"明确地强调了引用之间的关系。

当 Culverson 用"这些例子有助于证明自己对前人研究成果进行评论和评价,就是在突显自己的声音。后面的两句话以"因此"和"态度反映了……"开头,起到的作用是一样的。

她用中立的动词"解释"完整引用了 Oliver 的文字,例子接下来示范了她是如何通过"这种看法提供了……"和"根据 Oliver 的推理……"来使用引用的。完整引用"Oliver(1990)解释……"用于强调她对 Oliver 的交换理论的认可,但随后她阐述了该理论,显然就主导了该观点与自己的研究兴趣之间的整合。"可以推测"表明了她的谨慎。

在这篇文献综述的简短摘录中,我们可以清楚地看到研究者如何在为自己的目的主导文本的同时,利用引用支撑她自己的论证。

任务9.1　在你自己的研究中突显研究者的声音

挑选你自己的文献综述中的一段或一节,考虑以下问题和建议。

1.你认为谁的声音在你的写作中更占据主导地位:你自己的还是你引用的作者的?

2.你觉得为什么会这样?

3.你觉得你在自己的声音和被引作者的声音之间成功地取得平衡了吗?

如果你认为还需要提高你的写作水平,那就尝试本章中建议的一些技巧,或是更强烈地发出自己的声音,或是引用他人作品里更全面支撑你的观点。

本章小结

在本章中,我们考虑了"突显研究者声音"的含义和理由、一些技巧,展示了各种各样的例子,即:

- 文本如何组织;
- 人称代词"我"的使用;
- 引用模式的选择;
- 不同动词的评价潜在含义;
- 使用其他评价性表达。

10.

结论中文献综述的作用

本章内容提要

文献综述工作是一个持续的过程。

讨论研究发现时的文献整合。

重视文献综述的过程

正如第1章和第6章所强调的,文献综述是一个持续的过程,起于你为研究提出一个想法,终于学位论文终稿的完成。本书从始至终强调文献综述的工作是持续性的,是研究过程的一个组成部分,因为你的研究工作总是与其他人的研究相互关联的。因此,你最好是不断探索你所处领域里的研究进展,阅读那些与你的研究相关的最新文献。随着时间的推移,你可能会遇到不同的理论、方法和想法,引导你从不同的角度看待你自己的研究。在你开始撰写文献综述草稿时，便可以将这些整合进写作中。

你也可以根据自己的研究发现修改文献综述。可能你的研究得出了某些结论，导致你改变了文献综述的焦点，甚至介绍和讨论了一个以前未曾阅读过的文献。最后，重要的问题再说一次，修改文献综述的目的是，调整论证，澄清和阐明你的研究焦点和问题。

本书摘录的例子出自一些学位论文，它们的作者写下了一些文字，表明了文献综述过程对他们意味着什么。

> 随着我在已经阅读的文章和书籍中查找参考文献，我的阅读面逐渐变宽。有时我会回到原始资料查询更深入的信息。我阅读得越多，这些信息整合得越好，甚至会和我之前研究的其他主题关联起来，逐渐成为我的"整体世界观"的一部分。就学位论文的写作而言，文献综述花的时间最多！我阅读得越多，就越容易剔除那些不必要不相关的信息。这需要很长的时间，而且相当有挑战性。然而，阅读文献的的确确给我的论文写作带来了益处，同样我的工作也为此受益。我觉得我对主题有着严谨的理解，而且它使我建立了强大的信心。我的研究项目基于网络教育，所以我在用文献提供"支撑"前，就对该主题有了一些"工作知识"。它帮助验证了我之前在实践中学到的东西。

——Claire Allam，教育学硕士

> 鉴于我的学位论文主要建基在实践之上，文献综述的最初焦点在写作过程中没有太大的变化。在一开始时，我专注于三个主要领域：发音在英语教学中的地位的一般背景，教学对学习的影响，以及研究中发音的具体特征。
>
> 焦点的最明显变化，发生在从早期研究的泛泛阅读转为更具体的阅读时，随着观点和焦点的精炼，具体阅读成为必要。例如，当读到语言教学中发音所处的地位时，我马上清楚意识到需要更多信息告诉我哪些发音模式是学生需求的。这反过来意味着我们需要信

息了解"舒适的可理解性"这个概念和该概念的成型定义。

就教学对学习的影响,我开始阅读一些关于第二语言习得(SLA)的一般理论的常见书籍。这帮助了我提供证据证明教学有益于学习。不过,大多数研究聚焦于泛泛学习,而非特殊的发音学习。通过阅读,我发现了一些参考文献,它们指向其他很有意思的一些研究。此外,我还使用 ERIC 和 ATHENS 广泛搜索大英图书馆订阅的相关文章(当时我在德国工作,访问图书馆的途径有限)

——Analeen Moore,教育和应用语言学专业硕士

写一篇博士论文就像在大海那样大的泳池里游泳,周围都是各种不同的海洋生物。你需要根据它们的不同和相同之处来整理它们,最重要的是,你需要找到最适合你博士研究课题的"生发之境",或者如果你有能力,就重建整个泳池的生态系统。因为从零开始的学生,在研究过程中修改原始的文献综述,是很正常的事情。很多情况下,我们的目标和目的随着时间的推移而发生着变化,这种发展使得学生改变其文献综述的焦点。但说到底,这只是建立论文逻辑牢固连贯基础的一个步骤,先行于后面章节的主要论证。

——Key-young Son,东亚研究博士

我必须承认,我的文献综述是在博士生涯的最后几个月完成的。本来是要求学生在第一年先写一篇文献综述,但那之前我的博士论文草稿就完成了。因此,我把时间集中在修改论文上(用具体的文献综述来补充所提交的数据),然后从这些文献中汲取营养,为论文撰写总体的文献综述。

说到这一点,我同意写文献综述经常要根据资料收集来予以修订。事实上,在没有数据之前,我甚至连论文的导言也不写。我通常会从方法和结果部分开始写作,然后进入导言,再后才是讨论。

——Thomas Webb,心理学博士

作用一：支持现有理论的发现

当你的论文进入"讨论"章节，对你的研究发现进行解释时，面对宽广的研究领域，你必须回顾文献，以使你的研究工作被置于具体的背景下。在学位论文的开头和结尾，读者必须能够看到你的研究具备什么样的背景，是如何推动该领域的知识发展的。

在论文的这个节点，你最好是提醒读者注意文献综述的内容。这可能要求你对主要观点进行一番总结，或者你也可以回头参考前面章节所讨论的文献，方便你的读者前后翻阅、互相印证。

当你解释自己的研究发现时，可以将引用整合到一起，从而在你的发现与前人研究的发现之间进行比较和对比。你最好指出你是如何支持或反驳该领域的前人工作的。文献也可以成为你解释你的发现的一种方式。具体的理论或许能为你的数据分析和解释提供一个框架。反之，你的数据分析也可能帮助你修正或发展你所处领域里的某个理论。

例子10.1至例子10.7示例了在学位论文的讨论章节参考他人作品的目的。文本的下划线部分指出了研究者在自己的研究发现和相关文献之间是如何建立关联的，表明了它们之间的关系。

例子10.1摘自一篇硕士学位论文，论文主题关于英语作为第二语言教学中发音教学和发音学习之间的关系。作者Moore探讨了自己的研究结果在多大程度上支持了Krashen关于语言学习和习得的假设。注意本节的第一句，它提醒了读者本研究的目的。

例子10.1　支持现有理论的发现

讨论——教学对特殊发音和一般可理解性的影响

本研究旨在探索教学对于英语初学者发音的影响。考虑到研究时间有限,我们选择了英语初学者,所以样本中不存在太多的语音僵化现象。可以预见,同语音更僵化的高水平学习者相比,样本学习者的水平会得到更大的提高。

有趣的是,两个组在研究结束时都提高了发音技能。鉴于对照组并未接受任何教学,这就意味着发音技能通过在教室中接触目标语言而得到提升。对照组似乎已经注意到发音系统的特征,从而提高了发音水平。这似乎证实了 Krashen 的理论(1982):(i+1)程度的接触目标语言(TL)促进习得,因为在教室里教师监督了他们对语言和新词的用法。因此就学习语言来说,我们应该适当增加投入力度。在事后进行的 T 检验结果表明,在教学和特殊发音之间存在着正相关,但在教学和整体的一般可理解性之间没有这种关系。这似乎又证实了 Krashen 的假设:教学促进学习但不促进习得,因为在聚焦于形式时,学习者能够使用他们所学到的东西,但在聚焦于意义时,他们无法将其转换成自发的语言。

重要的是根据此处的结果考虑听者和评价者。尽管评价者之间的关联具有很高的可靠性,但仍旧可能出现评价语句比评估一般可理解性更为简单的情况。在评价语句时,评估者会寻找特有的特征,可能出现的错误数量有限。相反,自发的语言可能在诸如语法、语音、流畅度和讲述中包含许多错误。在做出判断时,评价者可能受到这些错误的综合影响,从而无法公平地表征受试的语音可理解性。由于所有评价者都习惯于德语学习者的英语发音,这可能造成了另一种复杂的情况,即影响他们对发音表现的感知。受试的典型德语发音也许并没有妨碍可理解性,但在被评价时可能置自己于不利地位;而受试即便犯了错误,影响到不习惯于德语学习者的英语发音的人的可理解性,却可能不会受到评价者的惩罚。如果评价者中包含一些非专业人士,效果将会更好,各种影响也更加可控。这些理由表明该项研究并不能提供明确的证据支持Krashen的假社——教学只促进学习而不促进习得。

来源：Moore，2001:31-32

作用二:比较新模型和现有理论

例子10.2来自一篇心理学博士论文中的讨论小节,Webb描述了他从数据分析中得出的理论(因素模型),并把它与他先前在文献综述中讨论的理论(行为阶段模型)进行了比较。跟例子10.1一样,本节的文献综述是为了提醒读者关注其研究焦点。

例子10.2　新模型与现有理论之间的比较

一般讨论

研究2和3对目标理论的概念结构和它们在预测目标实现的相对重要性方面做了重要分析。回顾性的研究2和前瞻性的研究3提供的证据表明,动机、任务焦点、执行意向、社会支持和主观规范这五个因素决定了人们在个人目标上的实现与否。这个讨论将考虑因素模型对动机和意志之间区别的意义,然后考虑预测效应。

因素结构支持行为阶段模型(Heckhausen, 1987; Heckhausen & Gollwitzer, 1986; 1987, 见第1.2节)。第一个因素动机包含了与目标选择相关的概念、意向、承诺和对目标的态度(感知效用)。因此,第一个因素完全平行于行为的预决策阶段,包括审慎的愿望和环境偏好(Gollwitzer, 1990)。因素结构还支持行为的预决策(目标设置)和预行动(计划)阶段之间的区别——测量执行意向的变量与动机结构不同。值得注意的是,在研究3中,测量默许的项目对执行意向有负面影响,这意味着,形成计划的反面是"顺其自然"和"不干预"。行为阶段模型也承认,实现个人目标不仅仅是发起相关行为,而且还需要随着时间的推移维持行为。因此,行为阶段是指努力实现目标的想法,平行于对任务焦点的当前构想。例如,努力实现目标需要"把精力投入到任务"和"不允许三心二意"。总之,被确认的因素结构区分了在行动过程中影响不同阶段行为的构成。

来源: Webb, 2003:84-85

作用三：利用文献来解释发现

例子10.3与例子10.2来自同一篇论文的同一小节，这里使用文献解释为什么特定的因素（自我效能）与目标实现的成功与否没关系。注意Webb在前两句中是如何在前面讨论过的材料和接下来的讨论之间建立起关联的。这是文本中平顺有效过渡不同文献的一个例子。

例子10.3

迄今为止，我们的讨论仍集中在五个因素，它们可以在实现个人目标上区分成功的努力和失败的努力。然而，有些发现揭示了无法区分两者的因素，同样值得讨论。值得注意的是，自我效能并不能区别参与者成功与否。这可以解释为自我效能可以通过选择个人目标来影响绩效，而不去影响目标本身（Locke & Latham, 1990）。例如，人们很少尝试实现自认为无法掌控的行为目标（Bandura & Wood, 1989；Earley & Lituchy, 1991；Gibbons & Weingart, 2001）。自我效能可以通过任务焦点间接影响目标的实现。例如，有证据表明高自我效能可以导致更多地关注任务，而低自我效能则把注意力引向自我评价和增加自我怀疑（Gibbons & Weingart, 2001）。总之，自我效能也许并不会直接影响绩效，因为它的影响是通过选择个人目标或任务焦点来实现的。

来源：Webb, 2003：87-88

作用四：当前研究对现有理论的贡献

例子10.4来自东亚研究，作者Son讨论了其研究对国际关系领域的理论争鸣的贡献。在重申现实主义和自由主义的局限性之后，他解释了自己如何用建构主义分析1998年到2003年之间朝鲜半岛的具体语境，从而拓展了建构主义在该领域的作用。

例子10.4 当前研究对现有理论的贡献

理论贡献

在国际生活的各种特征方面，国际关系(IR)的文献数量很丰富。这一领域的理论学家处理着相似的主题：战争与和平，或冲突与合作，但他们的立场和解释刚好相反。尽管文献数量丰富，国际关系理论却主要因为不可公约性而显得很贫瘠(Wight, 1996)。现实主义见证了它在1939年和1989年之间半个世纪的鼎盛时期，这是一个以二战、冷战和局部冲突为标志的时期。然而，随着冷战的结束和苏联自愿退出冷战状态，现实主义在一定程度上失去了它的预测和描述能力(Kegley, 1995：7)。作为努力克服学科两极分化和不可公约性的一部分，新现实主义者和新自由主义者形成了所谓的"新新伙伴关系"，但是并没有形成一个可以被称为范式的宏观理论。

在此范式之间争论的背景下，建构主义出现了，似乎宣告了几十年来理论学派之间的辩论无效。建构主义者声称，在实证主义和后实证主义之间开始了另一轮辩论，从而遣散了现实主义者、自由主义者和作为实证主义者的马克思主义者之间过去的对话（Wight, 1996）。建构主义向国际关系的学生灌输了新的想法和工具，展示了解释复杂的国际政治世界的潜力。建构主义者的新工具，包括诸如认同和规范等思想因素，是解释连续性和变革的底层力量的有力武器。然而，建构主义与其说是一个完整的理论，还不如说是"一种具有哲学和理论见识的视角和研究途径，用于对国际关系的经验研究。"（Ruggie, 1998:856）。

因此，本文旨在强化对国际关系进行建构主义的研究，并在参与战略领域提出一条可证实的假说。具体说，本论文发现了在面对敌对国家时国家认同的转变所必需的条件和社会背景，并解释了一个积极的政府可以采用什么样的手段针对敌国来部署全面战略。在分析了一组案例研究之后，本研究表明，建构主义方法能够在重大变革时刻补充"解决问题理论"中发挥重要作用。通过提出认同规范生命周期这个历史性的概念框架，本文证明，一个发现自己身处敌友连续体中的政府（在本例子中是韩国），有能力像一个规范倡导者一样成功地解决与敌国的利益冲突，而这是现实主义和自由主义理论所无法解决的问题。

来源：Son, 2004:359-360

作用五:使用文献解释资料

在例子10.5的第一段中,Lee回顾了她在文献综述中讨论的一个理论,并解释了该理论是如何影响她对克里奥尔语变迁的资料分析的。在摘录中的后一段,她引入了"协商"概念来解释她的资料。

例子10.5 使用文献解释数据

上接结果和结论(该论文第8章)

第2章讨论了研究弱势语言变迁(LS)的三种主要途径,即通过领域、通过行为和通过双语。支撑这些途径的理论构成分别来自社会学、社会心理学和双语研究。<u>对它们的综述表明</u>,[克里奥尔语]的语言变迁需要从跨学科的视角采用折中的方式予以研究、分析和理解,因为导致[克里奥尔语]发生语言变迁的说话人的语言行为并非由一种因素引起,而是多种因素合力作用的结果。

……

大多数对协商的研究适用于解决企业冲突问题,这一术语描述了一种解决问题的场景:有自己的议程和目标的各方共聚一堂。根据Firth(1995:10),在许多情况下,"协商通常被隐喻化地使用,强调一种现象的本质不是静止或固定的,而是变化、突发和主体间性的解释……"。由于人类的互动并不是预定或固定的实体,因此协商的概念已经应用于语言的互动和实际应用,比如对语境的研究(例如Kendon,1999)、轮流发言(例如

Fairclough, 1992)和话题（例如 Gumperz, 1982）。在大多数这样的研究中，协商的概念适用于有关各方如何对情况进行持续评估，以便采取使适当的"行动"。就[克里奥尔语]的语言变迁和复兴而言，我想拓展协商概念，指称[克里奥尔语]的言说者对最重要的环境的持续评估，以及对这些优先顺序如何体现在其语言选择、语言使用、对[克里奥尔语]的语言变迁和复兴的态度和反应中的持续评估。

来源：Lee，2003:325-327

作用六：理论应用于发现

在文献综述中，Feng 讨论了她用于提供研究的理论框架的三种课程视角（社会批判、自由进步主义和后现代）。在中国和英国，她开展了三个高等教育案例研究，重点是可持续发展教育课程。在讨论章的第一个部分，她比较了三个案例中的高等教育机构是如何与每个课程视角相关的，从而跟论文前面引用的文献挂上了钩。在下面的摘录中，她讨论了可持续发展的社会批判教育，讨论它如何在三个案例研究课程中实现。这一部分与文献综述章有明显的相互印证。

例子10.6　连接理论与发现

社会批判的可持续教育与三大课程

关于三个课程如何运用社会批判可持续教育的因素（Saha，2002；Thomas，2005；Plant，2001）的研究发现表明，只有课程A通常致力于并用到社会批判可持续教育；课程B的三个教员中有两个在受访时明确表示他们不同意社会批判可持续教育，但社会批判可持续教育的一个方面——批判性思维——被课程B以务实的方式采纳；课程C采用了社会批判可持续教育的一个方面——"行为导向"，没有明确地将其与社会批判可持续教育联系起来。

表7　三个课程中反映社会批判可持续教育的关键特征

	课程A	课程B	课程C
社会批判可持续教育：关键特征	价值和立场的明确性，转化式学习和行为导向	批判性思维	行为导向

首先，课程A和C都包含一个关键的课程特征，我称之为"行为导向"。然而，"行为"在两个课程中意义不一样：通过转化式学习，课程A鼓励学生识别那些关注社会正义和民主、导向可持续发展的政治和社会行为，而课程C在中国的学校，主要是鼓励学生规划和实施可行的实际行动。这两种类型的"行为导向"在两个课程上都受到学生的好评。

在追问两个课程在社会批判可持续教育框架中如何相互借鉴的问题之前，我们有必要分析英国和中国"行为导向"的社会和政治背景。课程A在政治上显得激进，是因为英国高校在制度上相对自主和在学术上相对自由（Department for Education and Skills, 2003)（见第2.5.1节）……另一方面，正如我在第2.5.2节中讨论过的，课程C出现在学术环境限制更多的中国高等教育中。

来源：Feng，2010：179-80

作用七：突出一个意想不到的结果

例子10.7摘自一篇工科论文的结果讨论部分，作者针对本领域前人的工作提出了一个意想不到的结果。在论述中，他用"看来"引出了一个整体结论。

例子10.7　对前人研究而言的惊人发现

微观工作中产生的一些重要想法现在得到了实地层面的考虑。微观模型向实地层面的转化引出了适用于羽流的新完全动力学两步合胞生物降解模型。该模型通常复制实地观察到的 MLS（多级采样器）的具体分布，以及羽流芯中伴生的 TEAP（终端电子接收过程）模型。在考察实验室和实地场景之间的相似和差异时，我们需要一个融贯的概念框架，但是也要有一定的灵活性，囊括不同情况所需的不同参数值，而完全动力学模型满足这些需要。人们已经发现，虽然微观概念反应模型可以转化到实地层面，但速率参数值则不行，因为反应在实地中慢得多。

在实地和实验室环境中,发酵罐和TEAP的微生物活性随时间和空间而变化,归因于如生长、生物利用度、气候适应和毒性效应这类过程。考虑气候适应和速率随暴露时间增长的一个重要结果是,核心反应比边缘反应释放更多的污染物,<u>这是以前的羽流研究没有预料到的</u>(Mayer et al.2001;Thornton et al. 2001)。<u>看来</u>,一般而言,用于NA(自然衰减)评估的反应传输模型应考虑这种时间和空间的变化。

来源:Watson,2004:69

任务10.1　思考在自己的研究中建立文献之间的关联

在解释你自己的研究结果时,例如在你的论文的讨论章节,想想如何在你所处领域里的相关文献之间建立关联。

你做过以下哪些事情?

1. 是否回头参考论文前面的文献综述章节,例如:

- 总结文献综述的要点?

- 通过交叉参考(例如"第二章对地方当局的回收政策做了概述")提醒读者你的文献综述的内容?

2. 是否把自己的发现与所在领域类似的研究项目进行了比较?

3. 是否运用所在领域的具体理论来解释你的发现?

4. 是否表明你的发现对该领域中的专业实践或理论提供了新启发?

本章小结

总体而言，本章包含以下内容：

- 文献综述的持续过程；
- 讨论研究发现时重新回顾文献的重要性。

11./

系统性文献综述

本章内容提要

系统性文献综述的意义。

系统性文献综述与学位论文的文献综述的区别。

系统性文献综述的过程。

分析和综合资料的不同途径：元分析和叙事综合。

系统性文献综述的批判式评价的问题清单。

什么是系统性文献综述

系统性文献综述通常由一位或一群经验丰富的专业人员完成，清楚地阐明目标和/或研究问题的文献综述（以下简称系统性综述）。系统性综述最早用于考察医疗干预的有效性，其使用范围近年来变得更广泛，例如干预的工作原理、可行性、恰当性和成本效

益。其目的是综合一种特定干预或一个特定问题上大量不同的研究
成果，为该领域里的政策和实践提供参考。做系统性文献综述的方
法很明确，也能被复制，其中包含明确的搜索策略、检索结果中的文
献和研究的文献取舍标准、对来源资料的数据综合，以及对所有研
究发现的详细编码和分析。同样，利益相关者如政策制定者和服务
对象也可能被纳入其中（the Campbell Collaboration；EPPI-Centre，
2007；Rutter et al.，2010；Jesson et al.，2011）。

系统性文献综述通常由政府机构或公共服务委托，作为制定决
策的参考。这类综述最初出现在20世纪70年代和80年代的卫生领
域。Cochrane Collaboration网后来赞助了这些综述报告，其第一中心
于1993年在牛津正式开放，以监督和指导那些调查医疗干预有效性
的综述。CochraneCollaboration网已经发展成为一个参与医疗和健康
相关决策的研究人员和医疗保健专业人士的国际网络。随后，不同
的团体如Campbell Collaboration，EPPI（询证政策与实践中心）和
SCIE（社会保健研究所）把系统性综述的使用扩展到刑事司法、社会
关怀和福利、教育和就业在内的其他领域。所有这些组织都有可以
在线访问的系统性综述图书馆。他们的网站还为开展系统性综述提
供了指导。

由于人们认识到基于证据的实践对于决策和专业实践的重要
性，因此系统性综述得到更多领域的广泛需求。在做出选择之前，
人们必须对所有可得证据有一番概览，而严格开展的系统性综述能
做到这一点，从而避免建基在单一、可能很糟糕的研究之上的决定
出现。此外，由于互联网已成为信息共享的主要手段，能获取的文
献的数量大量增加，个人无法阅读所有的内容。而系统性综述可以
提供关于特定问题的综合证据，这为繁忙的从业者节省了大量
时间。

这类综述显然不同于学位论文的文献综述，后者是本书的主要

焦点。然而,即便你自己不撰写系统性文献综述,理解系统性文献综述的作用和性质也很重要。某些领域的学位论文的文献综述往往需要参考系统性综述。我扼要概述一下两类综述的区别:文献综述是研究计划的组成部分,需要收集原始资料为研究提供语境和理论支撑、评估相关的经验/实证研究,并确定当前自己的研究项目如何扩展或弥补该领域已有的前人研究的空白。相反,系统性文献综述本身就是一项研究,解决特定的研究问题,并把文献当作需要编码、分析和综合的数据,以获得总体结论。前面章节中描述的许多技术和工具(例如文献检索、阅读和笔记、参考文献管理、引用模式)在两类综述里面都可以使用,但它们的目的完全不同。

开展系统性文献综述的过程

下面给出开展系统性文献综述的建议要点,如果需要更具体的指导,可以访问前面提到的几个网站。如果为了完成学位课程需要撰写独立的文献综述(如第1章所述),以下步骤也可能提供一个有用的框架。

第一阶段

1. 在确定调查的大致领域时,利用关键词搜索全部相关书目和数据库,找寻可得文献,并系统地记录结果。

2. 制定系统性综述的草案或计划,以确保研究是透明的和严格执行的。如果综述是为特定组织(例如 Campbell Collaboration)开展的,则需要由委员会批准。草案应涵盖以下内容:

- 拟议的标题、目标和研究问题;

- 开展综述的小组成员；
- 概述背景情况，包括相关立法和目前的争论；
- 文献搜索和筛选方法，包括如何保存记录的具体细节；
- 作为综述组成部分的文章的选入和排除标准；
- 资料提取策略，即从文章中提取资料时将使用哪些类别（目的、地点、样本大小、方法、结果等）；
- 资料综合的方法，例如元分析（数值结果的合成）或定性数据的编码和叙述综合。
- 综述里要考虑到利益相关者，有关方面何时以何种方式发挥作用（例如在决定综述目标时）。
- 整个过程的时间表。

更新和修订后的草案可以成为系统性综述本身"方法"里的一部分。

第二阶段

1. 在草案达成一致后，对文献进行全面检索，并保留所有详细记录，如使用过的关键词和数据库、检索日期和检索结果。除了电子来源，还要检索纸质来源和灰色文献（更多信息请参阅第3章）。

2. 接着把文献和研究报告的取舍标准应用到所有检索结果中。通常的做法是在两个层面应用这些标准，首先是在阅读标题和摘要之后，然后是在阅读整篇文章之后。记录下所有决定及为什么这样决定的原因。综述中具体的取舍标准可能涉及文章的许多不同方面，例如出版日期、调研地点、方法细节和类型、样本的定位和规模、干预类型或数据分析方法。例如，在维生素C摄入量对普通感冒发生率和持续时间的影响的系统性综述中，如果维生素C的剂量小于0.2克/天，并且没有使用安慰剂组进行比较，则此类研究被排除。被纳入的研究不限于基于随机对照实验（RCT）的研究（Hemilä et

al.2007)。RCT是实验,其中参与者随机分配到对照组或治疗组,构成了调查干预效果的一部分。这类实验在决定医疗保健中有效的治疗因素方面非常有用。

3. 研究也可能因为质量差或者细节不足或与综述问题的相关性不足而被排除,因此批判性的、评价性的阅读很重要。可以通过设计问题清单来帮助做出这些决定(参见第4章和第8章中引导批判性阅读的问题)。

4. 选定拟采用的文献后,就开始准备从中摘录资料(参考第4章)。选定的文献都得阅读,并记录文献的详细信息(可采用Word、Excel或NVivo,请参阅第4章和第5章)。每篇文献可被记录的项目有:文献的全部参考文献、国别、研究背景、研究目的、研究设计、参与者的细节、干预类型、对照组的细节(Torgerson et al.2006)。

5. 从每个来源摘录资料后,就可以进行证据的综合。这发生在为了解决综述的调查问题而在被读文章之间建立起关联之后。它可能包括定性数据的叙述综合或定量数据的元分析。后者包括数据的表格表征或结合统计数据的图表,因为元分析涉及综合比较各项研究的数据结果,以产生总体的统计数据。(参见以下部分和本章末尾的更多阅读列表。)

6. 也可采用混合方法进行综述。Harden和Thomas(2005)概述了一个例子,他们描述了他们在关于儿童健康饮食的障碍和促进的系统性综述中采用的方法。他们的综述包括对健康饮食干预研究的定量元分析,使用NVivo的定性编码,探索该问题上的个人视角的综合研究,以及比较两组结果的最终矩阵。这种技术组合可以把不同类型的研究发现结合起来,以全面解决系统性综述的研究问题。

7. 在综合数据的基础上,提出实践建议并得出结论。

8. 对系统性综述最终稿进行同行评审,以保障综述的质量。

9. 如果论文经同行评审后被录用,最后便是通过在期刊或网站上发表，或是在研讨会和会议上发言的方式，向利益相关方和专业人士传播论文提出的结论和建议。

10. 定期更新系统性综述，期间利用关键词在相关数据库中搜索最新的相关研究。同时，对综述中的数据综合（data synthesis）和实践建议进行必要的更新。

目前，系统性综述中采用的数据综合方法有很多。作者针对特定综述选择适合的方法时，应该考虑综述的主题、目的和拟解决的问题，可用的原始研究的证据类型，以及综述者的方法论背景和偏好（Boaz et al., 2006）。下面两节讨论了两种使用最广泛的综述性方法，但是正如 Boaz et al.（2006）证明的，从诸多领域的多个综述例子来看，这两种综述方法存在着许多组合方式和变体。

元分析

前面提到的各种组织和机构关注的是不同类型的综述。例如，CochraneCollaboration 网调查医疗保健和健康政策干预并评估其优点和缺点。他们还开展疾病诊断测试的综述。综述通常是定量的，基于随机对照实验（RCT）。这些研究的数据综合涉及元分析，它是一门技术，把多个类似的调查或研究的统计结果整合起来，以获得一个总体的结果。元分析通过组合可比较研究的统计数据来评估干预的"结果测量"或"效应"——效应的方向和大小、效应在各项研究中是一致还是不同。这种综合能极大提升对干预效果的评估，因为它是来自许多不同的研究的组合结果，并因此给出了更精确的测量。

至于各种元分析用到的具体统计技术，超出了本书的范围。不过《Cochrane 干预系统性综述手册》（*Cochrane Handbook for Systematic*

Reviews of Interventions,下文简称《Cochrane手册》)提供了更多的细节，本章末尾也列出了进一步深入阅读的材料。在这里，我们简要概述元分析过程中涉及的一般原则。

如果综述里面被合并的研究解决了相同的或大致一样的问题，具有类似的设计和干预，测量相同的结果并采用了大体相当的统计技术，即研究是同质的，那么元分析方法就是最合适的。如果研究的这些方面不相似，就不太适合采用元分析，那么或许应该使用统计软件中的"随机效应模型"予以分析（见下文）。同质研究可以使用"固定效应模型"来予以分析，比如使用 RevMan（2008）、Cochrane Collaboration Review Manager 这类统计软件，计算所有数据的"平均测量结果"。这一测量可以推定结果是否归因于干预，用于对干预的"合并效应评估"（Higgins & Green 2011）。

基于各单项研究里实验的质量，不同的研究在元分析中可能具有不同的权重。对单项研究权重的决定涉及评价性判断，判断的基础包含参与者数量或结果测量的精确性这类因素。在某些领域，对单项研究在元分析中所占权重的测量，可能存在成熟的量表（例如 Jadad et al.，1996），不过在另外一些领域里，这些量表有待以综述为基础进行创建，同时必须要考虑到特殊场景中的特殊研究范围。

元分析的内部有效性通过"偏倚风险"评估来确立。这很有必要，它可以表明从研究得出的结论对于被研究的干预是值得信赖的，综述计划提出的研究问题确实已得到回答。《Cochrane手册》（Higgins & Green，2011）含有一个评估偏倚表，包括以下类别：选择偏倚、绩效偏倚、检测偏倚、失访偏倚和报告偏倚。在这些标题下，以下问题需要回答：治疗组的分配在多大程度上是随机的和双盲的？参与者和研究人员对于被应用的干预措施在多大程度上是无知的？有多少失访情况被报告了，它们的原因得到说明没有？是否是有选择性地报告结果,如果是,程度多大? 可以根据对这些问题的回答来评定有效性。例如,在 RCT 中,如果对治疗和对照组的分配是随机的和双盲的,则偏倚的可能性可以认定为较小。

敏感度分析用于评估元分析总体结果的稳健性。它是一个程序,表明的是,如果数据库中的一个标准改变了,例如被纳入的研究的出版日期或者是未发表的数据被排除了,需要开展第二次元分析,那么合并效应测量在多大程度上会发生变化。进行敏感度分析的原因是,系统性综述过程中的一些决定可能有些武断,例如,调查老年人看护的综述中对参与者的年龄范围的决定。敏感度分析旨在表明结果是否足够稳定,比如,随年龄范围变化(例如,年龄在 65 岁以上的参与者,60 岁以上的参与者)而开展的不同元分析是否会有巨大的变化。如果结果保持一致,则表明它们不受综述过程中潜在的武断决定的影响,因此综述结果可以作为一个更为确定的整体被应用。在综述过程中存在一系列不同的决定点(例如,研究的采用标准、干预的特征、结果测量、所选择的统计方法等),这些决定点都可以采用灵敏度分析,并且在不同的系统性综述之间是不同的。

当元分析中的研究是同质的时候,上述评估既重要,也适用。然而,如果系统性综述中的研究确实存在异质性,就需要谨慎考虑。研究的异质性可以体现在以下方面:参与者的特征、干预或结果测量(临床异质性);研究设计或偏倚风险测量(方法论异质性)。其中任意一处异质性都可以导致统计异质性,这意味着表征干预效应的统计数据比随机误差预期的更多。解决异质性有一些统计技术,诸如可以在 RevMan 统计包(2008)中进行的"随机效应分析"。在异质性太大而无法进行统计分析的综述中,称为叙事综合的定性方法可能更适合(Popay et al.,2006)(参见下节)。

叙事综合

必须谨记,元分析不是系统性综述的同义词,因为许多综述依赖的研究不是随机对照实验,而是基于定性数据和分析的。系统性综述可以主要是叙事性的或描述性的,或者可以结合元分析与叙事元素(Boaz et al.,2006)。 例如,EPPI 中心在广泛的主题领域开展了各种类型的系统性综述。下面2个综述问题和综述标题的例子,就不适用于元分析。

> *初级教师培训提供者、受训者和新进教师可以使用什么策略来*
> *提高不同文化背景的学生的成绩(Parker-Jenkins et al.,2004)?*
> *综合研究儿童、青少年和父母对交通靠步行和自行车的看法*
> (Brunton et al.,2006)。

叙事综合是一种可以纳入系统性综述过程的方法,它包含使用文本和词汇来呈现被报告的研究的"故事"(Popay et al.,2006)。该过程特别有助于一些综述——它们解决的问题不关注干预措施的有效性,而是考虑可能影响成功实施的因素(促进因素和阻碍因素)。叙事综合可以用作元分析的补充或替代,如上所述,当被综述的研究在性质上非常不同,当它们报告的是定性调查时,叙事综合就非常有用。

以下流程的简要概述建基在 Popay 等人(2006)撰写的指南之上,该指南由 ESRC(英国经济和社会研究理事会)的方法项目提供资助。指南本身包括叙事综合过程及用法的两个实例。首先,指南介绍了来自 Cochrane Collaboration 系统性综述中的一些研究的叙事综合,该综述调查了提升烟雾报警器所有权和功能的干预措施的效果。由于综述最初是基于元分析的,因此作者在元分析的结果和叙事综合的发现之间进行了比较（Popay et al., 2006）。然后，介绍了使用一些叙事综合工具的例子，可以见另一篇综述，它选择了一些调查烟雾报警器干预措施实施情况的研究（Popay et al., 2006;Arai et al., 2007）。

建议的方法和工具旨在确保叙事综合程序的透明度。综述作者应该在流程的不同阶段单独工作，然后在相互比较其分析和综合。接着各人的结果应该以相互同意或"透明分歧"的形式呈现（Arai et al., 2007：380）。叙事综合有四个重要阶段：理论提出、初步综合、关系探索和综述稳健性评估。

建议首先提出一条初步理论，考虑干预如何、为何以及对谁起作用。这样做的目的是为了提供一个框架，以指导关于综述问题和要综述的研究的选择，有助于解释和应用综述发现。该解释性理论可以在初步阅读可能纳入本综述的研究和前人的系统性文献综述后归纳提出。举一个例子，Popay 等人（2006）就烟雾报警器的用法提出了一条理论，暗示火灾风险教育可以提升报警器的销量，而警报器的购置费用可能是购买警报器的一个障碍。

作为初步综合（synthesis）的一部分，综述人应该首先撰写每项单项研究的文本总结，被本综述选入和排除的研究都要写。总结中的信息在顺序和类型上应该达成一致，以统一的格式呈现。然后它们可以被汇总制成表格，每项研究的可比较信息填写在相应的栏目中，如作者、发表年份、研究地点、参与者、干预和涉及实施的重要因素（参见第4章关于表格的例子）。接着，根据研究背景、研究设计、参与者特征、干预类型、结果测量或可能影响实施的因素等标准，将研究分组或分类。此外，我们也推荐使用地点、焦点或人群对研究进行分类（Popay et al., 2006；Arai et al., 2007）。除了分类之外，归纳性的主题分析也必不可少，旨在确定研究中起重要作用的关键概念。例如，Arai et al.（2007）确定了关于烟雾报警器的购置、安装和持续使用的障碍,其方法是对选定的研究进行主题分析,然后将这些主题输入表格。综述人应该清楚说明主题分析是如何开展的,以确保系统性综述的透明度和严格性。

初步综合阶段中还可以使用的另一个工具是"投票计数",即记录干预或实施因素结果类型的数量。该技术能揭示结果中隐藏的模式。例如,在EPPI中心对骑自行车和步行的看法的系统性综述中,综述人记录了提及不同阻碍和促进因素的研究数量——12项研究提到交通危险阻碍了步行或骑自行车,10项研究认为环保意识是促进因素(Brunton et al.,2006:37)

叙事综合的下一阶段是对关系进行探索,其目的是找出一些因素,它们导致一项干预措施在系统性综述所纳入的研究中造成了不同方向和程度的结果,或者在干预措施的实施上造成了阻碍和促进之别。首先,应通过研究干预措施的变化及其对结果的影响来探讨研究之间的异质性,这涉及识别可能影响干预或实施效果的调节变量或因素。例如,在调查推行烟雾警报器的综述中,有一项研究中的实施方案,因为社区参与了决策而被认为更加成功(Popay et al.,2006;Arai et al.,2007)。

如思维联网(idea webbing)和概念图(concept mapping)这样的视觉化技术,在调查干预或实施的研究中,可用于探索关键概念和主题之间潜在的关系(参见第4章关于模型图笔记和思维导图软件的内容)。我还建议采用相互翻译(reciprocal translation)这一技术——综述人查看在一个研究中出现的概念在另一项研究中是否明显,即使后者采用的是不同的表达方式。例如在烟雾报警器的安装中,房东的角色在一项研究中显得重要,这一角色在其他研究中页做了进一步探讨(Popay et al.,2006;Arai et al.,2007)。作为探索关系阶段的最后一步——综合关键概念,可以表格的形式进行总结,还可以叙述"故事"。来自烟雾报警器实施研究的叙述摘录如下:

>　　……实施的两个方面似乎影响干预措施的成功与否……房东
> 的承诺在所有阶段都是有益的：通过免费提供报警器，或克服租户
> 对财产损失的恐惧……租户对自己家庭火灾风险的适当认识……
> 是必要的，但在两个阶段是不够的：激励采购……和实现维护。
>
> Arai et al.,2007:377-378

　　叙事综合的最后阶段牵涉到评估综述的稳健性。EPPI中心已经根据三个标准发布了确定研究的"证据权重"的指南：方法论的合理性、研究设计的适当性及研究与综述问题的相关性。根据研究满足这些期望的程度，综述人对研究的整体权重进行综合评估。任何做此工作的分级系统，以及权重是如何在综合的整体结果里分配的，都必须得到明确描述。其他用于评估稳健性的技术包括将结果与早期的相关综述进行比较、向综述里纳入的主要研究的作者核查结果、对叙事综合的过程进行批判性反思。

　　简要概述了分析和综合系统性文献综述数据这两种截然不同的途径后，我在下节描述一个同时使用这两种技术的例子。

系统性综述的一个例子

　　一些系统性综述调查的干预不止一项。在这些情况下，不同的配对比较可能需要开展不同的元分析和叙事综合。例如，Cochrane Collaboration网站上的那些综述里，Fernandez & Griffiths（2010）研究了不同类型的伤口清洁方案；由于综述选用的研究是异质的，他们在不同的伤口清洁方案之间进行了五次不同的比较。他们比较了自来水和不做清洁处理、自来水和盐水、蒸馏水和盐水、自来水和冷开水、自来水和其他方案。对于清洁方案的比较范围，Fernandez &

Griffiths(2010)对不同的结果类别进行了分析。例如,比较自来水与盐水时,他们首先比较了急性和慢性创伤的感染率。他们还附带比较了伤口愈合的速度,使用不同清洁方案的成本和患者对其优选方法的看法。因此,作者在根据所有这些结果进行整体讨论并给出结论之前,进行了不同的元分析和描述性分析。由于同质研究数量足够,他们采用了元分析。例如,他们合成了来自RCT的三个数据,进行了一项元分析,比较了自来水清洁和无清洁措施。该分析表明,两个样品组之间的感染率没有差异(Fernandez & Griffiths,2010:6)。对于一些次要结果的测量,例如患者满意度,他们提供了数据的叙事综合:

> 被允许清洗伤口的病人报告说感觉不错……
>
> Fernandez & Griffiths,2010:6

这个例子揭示了系统性综述的其他特点。

Cochrane网站上的综述在给出详细的正文之前,会有总结性的摘要,既有学术化语言风格的,也有用大众化语言表达的。摘要包含综述的背景和目标的总结、开展过的搜索、纳入综述研究的标准、数据提取和分析的方法、综述的统计结果和描述性发现,以及作者的结论。大众化表达的总结旨在让更多的人理解综述。下面的例子是用大众化语言撰写的伤口清洁综述的总结,它说明了在对清洁方案进行一系列比较后得出的与各种结果测量有关的总体结论。

例子11.1 水与其他伤口清洗方案的比较

水经常用于清洗伤口以防止感染。它可以是自来水、蒸馏水、冷却的开水或盐水。使用自来水清洗成人的急性创伤不会增加感染率；然而，没有很强的证据表明清洗本身比不清洗更好。综述人得出结论说，如果自来水品质好（可饮用的），它可能与其他方法，如无菌水或盐水一样好（并且性价比更高），但仍需开展进一步研究（Fernandez & Griffiths 2010, p.2)。

如上所述,综述包括检索的数据库和在每个数据库使用的关键词的信息。例如,上面这篇系统性综述在2010年更新检索了如下数据库：

Cochrane伤员团体专业登记册(搜索22/2/10)；

Cochrane对照实验中心登记册(Cochrane图书馆,2010年第1期)；

Ovid MEDLINE - 2007年至2010年2月第2周；

Ovid MEDLINE - 过程中和其他非索引引用(搜索日期19/2/10)；

Ovid EMBASE - 2007至2010年第6周；

EBSCO CINAHL - 2007年至2010年2月22日

被用到的关键词搜索:(清洁*洗涤*冲洗*淋浴*沐浴*洗干净*)(Fernandez & Griffiths,2010;3-4)

文章的采用标准是:随机对照实验和非随机对照实验,比较不同清洁液体对伤口愈合和感染率的影响;在全部国家和全部语言中进行的实验;所有年龄的参与者和不同场所的参与者(例如医院,疗养院等)的实验;比较特别用于清洁伤口的溶液的实验;包括伤口感染和愈合的客观和主观测量的实验。

　　排除标准如下:用于牙科手术、烧伤、溃疡、手术操作或作为预防剂的溶液的实验,以及不使用自来水的实验(Fernandez & Griffiths,2010:3)。

　　作为数据提取过程的一部分,访问和阅读的所有文章的细节被输入到带有以下标题的表格中:研究中使用的方法、参与者和伤口的特征、干预、测量的结果、治疗记录、对参与实验的不同群体的选择性隐瞒(偏倚风险的指标)。综述中11项研究的所有表格都出现在报告主体部分之后。第二个表格列出了被排除的研究,并给出了理由(Fernandez & Griffiths,2010:13-20)。

　　主体报告后列出详细表格,显示了对下面一些信息展开各种比较的细节:所涉研究的数量、样本大小、风险比率和每项干预对不同结果测量的影响程度。随后是一些图表,表明了相应的元分析用到的统计方法(Fernandez & Griffiths,2010:21-5)。

　　综述的附录包括进一步的细节,还有选用和排除的研究和数据分析的上述信息,确保了系统性综述过程的透明度。在这个例子中,有:文献检索中使用的所有数据库和关键词的记录;评论者的评论和作者的回应;综述更新;以及单个作者对整个系统性综述的具体贡献(Fernandez & Griffiths,2010:25-30)。

　　根据该系统性综述,那些考虑是否利用该系统性综述的结果的医护人员可以评估该研究的严谨性,并评估证据的强度是否足以帮助做出专业实践的决策。

系统性文献综述的评价

对互联网资源的评价和批判性阅读已在本书前几章讨论过。与之类似，我们必须以开放的心态对待系统性文献综述，但对其内容和质量要采取质疑的态度。虽然有同行评审保证其质量过关，但你应该有自己的判断。以下问题提供了批判性评价的清单。

- 是否用适当的研究问题清晰地界定了综述的范围？
- 使用的检索策略是否有足够详细的信息？访问哪些数据库和来源类型？搜索是否足够广泛？
- 是否清楚列出了来源文献的采用和质量标准？它们是否适合多个综述人？
- 从每个来源提取数据的类别是否明确？它们是否被一个以上的综述人统一、恰当地应用？
- 分析过程，无论是定量还是定性，是否明确？在综述和质量检查中分配给不同研究的权重是否清楚地解释了？证据的综合是否准确地反映了个别研究的发现，并解决了综述开始时提出的研究问题？
- 综述中的建议是否清楚地建立在系统性综述中各种数据和资料证据之上？
- 综述是否经由权威的组织或期刊（例如 Cochrane Collaboration）的同行评审和发布？

任务 11.1　在你的领域搜索和评判系统性文献综述

1. 记录你所在领域中发表系统性综述的期刊和图书馆；考虑设置 RSS 源或电子邮件提醒功能以接收有关新出版物的最新信息——如果图书馆或期刊提供其中一项或两项服务的话。

　　2. 搜索可能与你的研究相关的系统性文献综述。在适当的在线系统性综述图书馆(例如 EPPI 中心或 Cochrane Collaboration 网页)或 Google 学术搜索。

　　3. 选择和访问一篇系统性综述后,使用略读策略(第 3 章)评估它与你的研究的相关性。

　　4. 如果感兴趣,更详细地阅读这篇综述,使用你偏好的技术做笔记,并应用上述批判式评价技巧提出问题。

　　5. 决定是否以及如何为自己的研究使用这篇综述的发现。

　　6. 辨析评论中任何被引用的研究,你认为其中哪些对你自己的研究是很重要的。

本章小结

　　总体而言,本书最后一章包含以下内容:

　　系统性文献综述的介绍;

　　系统性文献综述与学位论文文献综述的区别;

　　开展系统性文献综述的过程;

　　可以采取的合成和分析数据的不同方法;

　　列一篇综述的问题清单。

　　关于系统性文献综述更详细的信息,下面提供了更多读物供进一步的阅读。

EPPI (Evidence for Policy and Practice Information) Centre http://www.eppi.ioe.ac.uk (accessed 11/04/12)

Higgins J.P.T. and Green, S. (eds) (2011) *Cochrane Handbook for Systematic Reviews of Interventions* Version 5.1.0 (updated March 2011). The Cochrane Collaboration www.cochrane-handbook.org (accessed 15/08/11).

Jesson, J.K., Matheson, L. and Lacey, F.M. (2011) *Doing Your Literature Review*:

Traditional and Systematic Techniques. London：Sage.

Petticrew, M. and Roberts, H. (2006) *Systematic Reviews in the Social Sciences*：*A Practical Guide*. Oxford：Blackwell.

Popay, J., Roberts, H., Sowden, A., Petticrew, M., Arai, L., Britten, N., Rodgers, M. and Britten, N. with Rosen, K. and Duffy, S. (2006) *Guidance on the Conduct of Narrative Synthesis in Systematic Reviews*：*Final Report*. Swindon：ESRC Methods Programme http://www.lancs. ac.uk/shm/research/nssr/research/dissemination/publications.php (accessed 15/08/11).

Okoli, C. and Schabram, K. (2010) 'A guide to conducting a systematic literature review of information systems research', *Sprouts*：*Working Papers on Information Systems* 10 (26) http://sprouts.aisnet.org/10-26 (accessed 08/08/11).

RevMan (2008) Review Manager (RevMan) (Computer Program) Version 5.0 Copenhagen：The Nordic Cochrane Centre, The Cochrane Collaboration.

Rutter, D., Francis, J., Coren, E. and Fisher, M. (2010) *SCIE Systematic Research Reviews*：*Guidelines (2nd edn)*. London：*Social Care Institute for Excellence* http://www.scie.org.uk/publications/researchresources/rr01.asp (accessed 15/08/11).

SCIE (Social Care Institute for Excellence) http://www. scie. org. uk (accessed 14/04/12)

The Campbell Collaboration http://www. campbellcollaboration. org/ (accessed 12/04/12)

The Cochrane Collaboration http://www.cochrane.org/ (accessed 14/04/12)

Torgerson, C. (2003) Systematic Reviews, London：Continuum.

结　论

　　在本书中，我们探讨了文献综述的过程和结果。我强调了从研究计划启动直到论文完成的整个过程中根据研究的具体环节阅读文献的重要性。全书的各个章节提出了各种指南和建议，鼓励你思考你应该以什么样的方式对待自己的文献搜索、文献阅读、文献管理，以及文献综述的目的和把文献整合进写作的过程。来自不同学位论文的许多例子揭示了作者如何安排其论证，通过高效的批判式阅读和各种恰当的写作和引用技巧来实现其批判性。我的目的在于提供建议，不管你的研究语境是什么，这些技巧都能在你学科的具体环境中得到实施。

　　尽管本书的很多建议都具有普遍性，但文献综述在学科之间确实有巨大差异，书中多个例子摘录自代表了许多不同领域和研究途径的多篇学位论文。此外，尽管许多学位论文遵循惯例，有明确的文献综述章节，但某些领域的研究页确实需要采取一种更为整合的途径，引文和综述分布在整篇学位论文的各个章节之中。本书的最后一章拓展了讨论，探讨了系统性文献综述的实质和作用，以及它与典型的学位论文的文献综述之间的差异。尽管这种类型的综述通常由一个专业研究者团队开展，但是从事研究工作的学生也有必要充分理解它的目的和程序。

　　不管你的研究的具体背景如何，文献都能激发你的求知欲、拓展你的思维、帮助你理解作为具体研究焦点的主题和资料。因此，写作文献综述尽管很挑战耐性，但却是研究过程中能产生巨大回报的部分，值得你付出精力。

　　我希望本书提供的观点能助你一臂之力。

参考文献

Allam, C. (2005) 'Heinz 57 blended learning at the University of Sheffield: some case studies'. MEd dissertation, University of Sheffield.

Arai, L., Britten, N., Popay, J., Roberts, H., Petticrew, M., Rodgers, M. and Sowden, A. (2007) 'Testing methodological developments in the conduct of narrative synthesis: a demonstration review of research on the implementation of smoke alarm interventions', *Evidence and Policy*, 3 (3):361-83.

Bacigalupo, R. (2000) 'The information management of health visitors: with particular reference to their public health and community development activities'. PhD thesis, University of Sheffield.

Bell, J. (2010) *Doing Your Research Project: A Guide for First-Time Researchers in Education, Health and Social Science* (5th edn). Maidenhead: Open University Press.

Blaxter, L., Hughes, C. and Tight, M. (2010) *How to Research* (4th edn). Buckingham: Open University Press.

Boaz, A., Ashby, D., Denyer, D., Egan, M., Harden, A., Jones, D.R., Pawson, R. and Tranfield, D. (2006) 'A multitude of syntheses: a comparison of five approaches from diverse policy fields', *Evidence and Policy*, 2 (4):479-502.

Bruce, C. S. (1994) 'Research students' early experiences of the dissertation literature review', *Studies in Higher Education*, 19 (2):217-29.

Brunton, G., Oliver, S., Oliver, K., and Lorenc, T. (2006) *A Synthesis of Research Addressing Children's, Young People's and Parents' Views of Walking and Cycling for Transport*. London: EPPI-Centre, Social Science Research Unit, Institute of Education, University of London.

Calcraft, R. (2004) 'Children left at home alone: The Construction of a social problem'. PhD thesis, University of Nottingham.

Coveney, E. (2003) 'A reassertion of value: a study of value as illustrated by conservation and regeneration in historic urban quarters: the Birmingham jewellery quarter and the Nottingham lace market'. MA dissertation, University of Sheffield.

Culverson, D. E. (2002) 'Exploring organizational commitment following radical change: a care study within the Parks Canada Agency'. MA dissertation. Ontario, Canada: University of Waterloo.

EPPI-Centre (March 2007) *EPPI-Centre methods for conducting systematic reviews*. London: EPPI-Centre, Social Science Research Unit, Institute of Education, University of London.

Fairbrother, H. (2010) 'Children, food and health'. MPhil to PhD Upgrade Report, University of Sheffield.

Fernandez, R. and Griffiths, R. (2010) *Water for wound cleansing*. Cochrane Database of Systematic Reviews 2010, Issue 1. Art. No. CD003861. DOI: 10.1002/14651858. CD003861. pub2. v http://onlinelibrary. wiley. com/doi/ 10.1002/14651858.CD003861.pub2/abstract (accessed 09/10/11).

Feng, L. (2010) 'Education for sustainable development curricula: three case study Masters programmes in England and China'. PhD thesis, University of Sheffield.

Gash, S. (1999) *Effective Literature Searching for Research* (2nd edn). Aldershot: Gower Publishing Ltd.

Groom, N. (2000) 'Attribution and averral revisited: three perspectives on manifest intertex-tuality in academic writing', in P. Thompson (ed.), *Patterns and Perspectives: Insights into EAP Writing Practice*. Centre for Applied Language Studies: The University of Reading.

Hart, C. (1998) *Doing a Literature Review: Releasing the Social Science Research Imagination*. London: Sage Publications.

Harden, A. and Thomas, J. (2005) 'Methodological issues in combining diverse study types in systematic reviews', *International Journal of Social Research Methodology*, 8 (3): 257-71.

Hemilä, H., Chalker E. and Douglas B. (2007) *Vitamin C for preventing and treating the common cold*. Cochrane Database of Systematic Reviews 2007, Issue 3. Art. No.: CD000980. DOI: 10.1002/14651858. CD000980. pub3 http://www2. cochrane.org/reviews/en/ab000980.html (accessed 08/06/11).

Hemingway, P. and Brereton, N. (2009) 'What is a systematic review?' in *What is* ...? *Series* (2nd edn). http://www. whatisseries. co. uk/whatis/pdfs/ What_is_syst_rev.pdf (accessed 09/06/11).

Higgins J.P.T. and Green, S. (eds) (2011) *Cochrane Handbook for Systematic Reviews of Interventions* Version 5.1.0 (updated March 2011). The Cochrane Collaboration. http://www.cochrane-handbook.org/ (accessed 12/04/12).

Howard, R.M. (1995) 'Plagiarisms, authorships and the academic death penalty', *College English*, 57(7):788-805.

Huffaker, D.A., and Calvert, S.L. (2005) 'Gender, identity, and language use in teenage blogs', *Journal of Computer-Mediated Communication*, 10 (2), article 1. http://jcmc.indi-ana.edu/vol10/ issue2/huffaker.html (accessed 17/06/06).

Hull, G. and Rose, M. (1989) 'Rethinking remediation: toward a social-cognitive understand-ing of problematic reading and writing', *Written Communication* 6 (2):139-154.

Hyland, K. (1999) 'Disciplinary discourses: writer stance in research articles', in C. N. Candlin and K. Hyland (eds), *Writing: Texts, Processes and Practices*. London: Longman.

Hyland, K. (2004) *Disciplinary Discourses: Social Interactions in Academic Writing.* Ann Arbor: The University of Michigan Press.

Ivanič, R. (1998) *Writing and Identity: The Discoursal Construction of Identity in Academic Writing.* Amsterdam: John Benjamins Publishing Company.

Jadad, A. R., Moore, R. A., Carroll, D., Jenkinson, C., Reynolds, D. J., Gavaghan, D.J. and McQuay, H.J. (1996) 'Assessing the quality of reports of randomized clinical trials: is blinding necessary?' Controlled *Clinical Trials*, 17 (1):1-12.

Jesson, J.K., Matheson, L. and Lacey, F.M. (2011) *Doing Your Literature Review: Traditional and Systematic Techniques.* London: Sage Publications.

Lee, E. (2003) 'Language shift and revitalisation in the Kristang Community, Portuguese Settlement, Malacca'. PhD thesis, University of Sheffield.

Machi, L.A. and McEvoy, B.T. (2009) *The Literature Review.* Thousand Oaks, CA: Corwin Press.

Meyer, M. (2006) 'Partially connected to science: the Luxembourg Museum of Natural History and its scientific collaborators'. PhD thesis, University of Sheffield.

Moore, A. (2001) 'The effects of formal instruction on EFL pronunciation acquisition: a case study from Germany'. MA dissertation, University of Surrey.

Murray, R. (2011) *How to Write a Thesis* (3rd edn). Buckingham: Open University Press.

Nunan, D. (1992) R*esearch Methods in Language Learning*. Cambridge: Cambridge University Press.14-Reference-Ridley.indd 208 23/06/2012 10:28:01 AM

Okoli, C. and Schabram, K. (2010) 'A guide to conducting a systematic literature review of information systems research', *Sprouts: Working Papers on Information Systems* 10 (26) http://sprouts.aisnet.org/10-26 (accessed 08/08/11).

Ovcina, D. (2010) 'The dynamics of market entry and expansion strategy in emerging markets: the case of Wal-Mart in Latin America'. MSc dissertation, Sheffield Hallam University.

Overton, S. E. (2002) 'Sustainable urban drainage systems (SUDS) - quality modelling'. Undergraduate dissertation, University of Sheffield.

Parker-Jenkins, M., Hewitt, D., Brownhill, S. and Sanders, T. (2004) 'What strategies can be used by initial teacher training providers, trainees and newly qualified teachers to raise the attainment of pupils from culturally diverse backgrounds?' in *Research Evidence in Education Library*. London: EPPI-Centre, Social Science Research Unit, Institute of Education, University of London.

Petticrew, M. and Roberts, H. (2006) *Systematic Reviews in the Social Sciences*: A Practical Guide. Oxford: Blackwell.

Phillips, P.M. and Pugh, D.S. (2010) *How to Get a PhD: A Handbook for Students and their Supervisors* (5th edn). Buckingham: Open University Press.

Popay, J., Roberts, H., Sowden, A., Petticrew, M., Arai, L., Britten, N., Rodgers, M. and Britten, N. with Rosen, K. and Duffy, S. (2006) Guidance on the Conduct of Narrative Synthesis in Systematic Reviews: Final Report. Swindon: ESRC Methods Programme http://www.lancs.ac.uk/shm/research/nssr/research/dissemination/publications.php (accessed 15/08/11).

RevMan (2008) Review Manager (RevMan) (Computer Program) Version 5.0 Copenhagen: The Nordic Cochrane Centre, The Cochrane Collaboration.

Rudestam, K. E. and Newton, R. R. (2007) S*urviving your Dissertation: A Comprehensive Guide to Content and Process* (3rd edn). Thousand Oaks, CA: Sage Publications Inc.

Rutter, D., Francis, J., Coren, E. and Fisher, M. (2010) *SCIE Systematic Research*

Reviews: Guidelines (2nd edn). London: Social Care Institute for Excellence.

Son, Key-young (2004) 'South Korean identities in strategies of engagement with North Korea: a case study of President Kim Dae-jung's Sunshine Policy'. PhD thesis, University of Sheffield.

Swales, J. M. (1990) *Genre Analysis: English in Academic Research Settings*. Cambridge: Cambridge University Press.

Swales, J.M. and Feak, C.B. (2000) *English in Today's Research World*: A Writing Guide. Ann Arbor: The University of Michigan Press.

Swales, J. M. and Feak, C. B. (2004) *Academic Writing for Graduate Students: Essential Tasks and Skills* (2nd edn). Ann Arbor: The University of Michigan Press.

Tang, R. and John, S. (1999) 'The "I" in identity: exploring writer identity in student academic writing through the first person pronoun', English for Specific Purposes, 18: S21-S39. Reading: The Centre for Applied Language Studies, University of Reading.

Taylor, G. (1989) *The Student's Writing Guide for the Arts and Social Sciences*. Cambridge: Cambridge University Press.

The Campbell Collaboration (no date) Producing a Review. http://www.campbellcollaboration.org/systematic_reviews/index.php (accessed 12/04/12).

Thomas, S. and Hawes, T.P. (1994) 'Reporting verbs in medical journal articles', *English for Specific Purposes*, 13 (2): 129-48.

Thompson, P. (ed.) (2000) *Patterns and Perspectives: Insights into EAP Writing Practice*. Reading: The Centre for Applied Language Studies, University of Reading.

Thompson, G. and Ye Yiyun (1991) 'Evaluation in the reporting verbs used in academic papers', *Applied Linguistics*, 12 (4): 365-82.

Torgerson, C.J., Brooks, G. and Hall J. (2006) *A Systematic Review of the Research Literature on the Use of Phonics in the Teaching of Reading and Spelling*. The University of Sheffield: DfES

Walliman, N. (2011) *Your Research Project: Designing and Planning your Work* (3rd edn). London: Sage Publications.

Watson, I. A. (2004) 'Modelling of natural attenuation processes in groundwater using adaptive and parallel numerical methods'. PhD thesis, University of

Sheffield.

Webb, T. (2003) 'Motivational and volitional aspects of self-regulation'. PhD thesis, University of Sheffield.

Weissberg, R. and Buker, S. (1990) *Writing Up Research: Experimental Research Report Writing for Students of English*. Englewood Cliffs, NJ: Prentice Hall.

Wellington, J., Bathmaker, A., Hunt, C., McCulloch, G. and Sikes, P. (2005) *Succeeding With Your Doctorate*. London: Sage Publications.

Wenger, E. (1990) 'Toward a theory of cultural transparency: elements of a social discourse of the visible and the invisible'. PhD dissertation, University of California.

Wenger, E. (1998) *Communities of Practice: Learning, Meaning and Identity*. Cambridge: Cambridge University Press.

Woodgate, J. A. (2005) 'Self-efficacy theory and the self-regulation of exercise behaviour'. PhD thesis, University of Waterloo, Ontario, Canada.

图书在版编目（CIP）数据

会写才会读：完成文献综述的 10 个要点 /（英）戴
安娜·里德利（Diana Ridley）著；李涤非，刘武阳译 . -- 重庆:
重庆大学出版社，2023.7（2024.6 重印）
（万卷方法）
书名原文: The Literature Review: A Step-by Step Guide for Students
ISBN 978-7-5689-3864-8

Ⅰ.①会… Ⅱ.①戴… ②李… ③刘… Ⅲ.①论文—写作
Ⅳ.①H05

中国国家版本馆 CIP 数据核字(2023)第 071618 号

会写才会读：完成文献综述的 10 个要点

hui xie cai hui du：wancheng wenxian zongshu de 10 ge yaodian

[英] 戴安娜·里德利（Diana Ridley）著

李涤非　刘武阳 译

策划编辑：林佳木

责任编辑：林佳木　　版式设计：林佳木

责任校对：关德强　　责任印制：张　策

*

重庆大学出版社出版发行

出版人：陈晓阳

社址：重庆市沙坪坝区大学城西路 21 号

邮编：401331

电话：(023)88617190　88617185(中小学)

传真：(023)88617186　88617166

网址：http://www.cqup.com.cn

邮箱：fxk@cqup.com.cn（营销中心）

全国新华书店经销

重庆市国丰印务有限责任公司印刷

*

开本：890mm×1240mm　1/32　印张：8.25　字数：216 千

2023 年 7 月第 1 版　　2024 年 6 月第 2 次印刷

ISBN 978-7-5689-3864-8　定价：45.00 元

The Literature Review：A Step-by-Step Guide for Students 2Ed, by Diana Ridley.
English language edition published by SAGE Publications of London,
Thousand Oaks, New Delhi and Singapore, 2017.
会写才会读：完成文献综述的 10 个要点。原书英文版由 SAGE 出版于 2012 年
出版，版权属于 SAGE 出版公司。

版贸核渝字（ 2023 ）第 072 号

万卷方法®

知识生产者的头脑工具箱

很多做研究、写论文的人，可能还没有意识到，他们从事的是一项特殊的生产活动。而这项生产活动，和其他的所有生产活动一样，可以借助工具来大大提高效率。

万卷方法是为辅助知识生产而存在的一套工具书。

这套书系中，

有的，介绍研究的技巧，如《会读才会写》《如何做好文献综述》《研究设计与写作指导》《质性研究编码手册》；

有的，演示 STATA、AMOS、SPSS、Mplus 等统计分析软件的操作与应用；

有的，专门讲解和梳理某一种具体研究方法，如量化民族志、倾向值匹配法、元分析、回归分析、扎根理论、现象学研究方法、参与观察法等；

还有，

《社会科学研究方法百科全书》《质性研究手册》《社会网络分析手册》等汇集方家之言，从历史演化的视角，系统化呈现社会科学研究方法的全面图景；

《社会研究方法》《管理学问卷调查研究方法》等用于不同学科的优秀方法教材；

《领悟方法》《社会学家的窍门》等反思研究方法隐蔽关窍的慧黠之作……

书，是人和人的相遇。

是读者和作者，通过书做跨越时空的对话。

也是读者和读者，通过推荐、共读、交流一本书，分享共识和成长。

万卷方法这样的工具书很难进入豆瓣、当当、京东等平台的读书榜单，也不容易成为热点和话题。很多写论文、做研究的人，面对茫茫书海，往往并不知道其中哪一本可以帮到自己。

因此，我们诚挚地期待，你在阅读本书之后，向合适的人推荐它，让更多需要的人早日得到它的帮助。

我们相信：

每一个人的意见和判断，都是有价值的。

我们为推荐人提供意见变现的途径，具体请扫描二维码，关注"重庆大学出版社万卷方法"微信公众号，发送"推荐员"，了解详细的活动方案。